中华人民共和国行业推荐性标准

公路钢结构桥梁制造和安装施工规范

Specifications for Manufacture and Installation
of Highway Steel Bridge

JTG/T 3651—2022

主编单位：中交一公局集团有限公司
批准部门：中华人民共和国交通运输部
实施日期：2022 年 08 月 01 日

人民交通出版社股份有限公司

北 京

律 师 声 明

本书所有文字、数据、图像、版式设计、插图等均受中华人民共和国宪法和著作权法保护。未经人民交通出版社股份有限公司同意，任何单位、组织、个人不得以任何方式对本作品进行全部或局部的复制、转载、出版或变相出版。

本书封面贴有配数字资源的正版图书二维码，扫描二维码后关注"交通社公路中心"公众号，可获得更多数字资源。本书扉页前加印有人民交通出版社股份有限公司专用防伪纸。任何侵犯本书权益的行为，人民交通出版社股份有限公司将依法追究其法律责任。

有奖举报电话：(010) 85285150

北京市星河律师事务所
2020 年 6 月 30 日

图书在版编目(CIP)数据

公路钢结构桥梁制造和安装施工规范：JTG/T 3651—2022 / 中交一公局集团有限公司主编． — 北京：人民交通出版社股份有限公司，2022.3

ISBN 978-7-114-17884-9

Ⅰ.①公… Ⅱ.①中… Ⅲ.①公路桥—钢结构—桥梁施工—技术规范—中国 Ⅳ.①U448.14-65

中国版本图书馆 CIP 数据核字(2022)第 037003 号

标准类型：中华人民共和国行业推荐性标准
标准名称：公路钢结构桥梁制造和安装施工规范
标准编号：JTG/T 3651—2022
主编单位：中交一公局集团有限公司
责任编辑：李　沛
责任校对：赵媛媛
责任印制：刘高彤
出版发行：人民交通出版社股份有限公司
地　　址：(100011) 北京市朝阳区安定门外外馆斜街 3 号
网　　址：http://www.ccpcl.com.cn
销售电话：(010) 85285857
总 经 销：人民交通出版社股份有限公司发行部
经　　销：各地新华书店
印　　刷：北京市密东印刷有限公司
开　　本：880×1230　1/16
印　　张：10.25
字　　数：245 千
版　　次：2022 年 3 月　第 1 版
印　　次：2024 年 11 月　第 3 次印刷
书　　号：ISBN 978-7-114-17884-9
定　　价：80.00 元
(有印刷、装订质量问题的图书，由本公司负责调换)

中华人民共和国交通运输部
公 告

第 21 号

交通运输部关于发布
《公路钢结构桥梁制造和安装施工规范》的公告

现发布《公路钢结构桥梁制造和安装施工规范》（JTG/T 3651—2022），作为公路工程行业推荐性标准，自 2022 年 8 月 1 日起施行。

《公路钢结构桥梁制造和安装施工规范》（JTG/T 3651—2022）的管理权和解释权归交通运输部，日常解释和管理工作由主编单位中交一公局集团有限公司负责。

请各有关单位注意在实践中总结经验，及时将发现的问题和修改建议函告中交一公局集团有限公司（地址：北京市朝阳区管庄世通国际大厦 A 座，邮政编码：100024），以便修订时研用。

特此公告。

中华人民共和国交通运输部
2022 年 3 月 4 日

| 交通运输部办公厅 | 2022 年 3 月 8 日印发 |

前 言

根据《交通运输部关于下达2017年度公路工程行业标准制修订项目计划的通知》（交公路函〔2017〕387号）的要求，由中交一公局集团有限公司承担《公路钢结构桥梁制造和安装施工规范》（以下简称"本规范"）的制定工作。

规范制定过程中，编制组深入开展了前期调研工作，进行了专题研究，总结了近年来公路钢结构桥梁建造的经验，借鉴了国内外相关标准，并在全国范围内广泛征求了材料、设计、制造、检测、施工、监理、施工监控、科研院所和管理养护等单位的意见，经反复讨论、修改和完善，最后经审查定稿。

本规范贯彻执行国家和行业的有关技术政策，大力推广公路钢结构桥梁的建设；落实公路钢结构桥梁制造和安装施工的工厂化、装配化、专业化、信息化、精细化等要求，促进公路桥梁建设的转型升级、提质增效；推进公路钢结构桥梁的标准化、智能化建造，提升公路桥梁的品质和耐久性，更好地体现"绿色公路""品质工程"的理念。

本规范总结近年来国内外钢结构桥梁制造和安装施工的工程经验以及相关科研成果，吸纳其中成熟的技术和工艺；重点突出技术、工艺的成熟性，兼顾先进性；强调对关键工序和关键技术工艺的控制，明确钢结构桥梁制造和安装施工中应遵守的准则和技术质量要求；借鉴国内外相关的钢结构桥梁制造和安装施工技术标准；与相关的标准、规范和规程协调配套。

本规范包括14章和9个附录，主要内容包括：1 总则，2 术语，3 基本规定，4 材料，5 下料与加工，6 组装，7 焊接、焊接检验及矫正，8 试拼装、预拼装，9 成品尺寸检验与验收，10 涂装，11 包装、存放与运输，12 安装，13 工地连接，14 安装施工质量控制，附录A 原材料复验规程，附录B 钢板、加工及焊缝外观缺陷的修补，附录C 钢材焊接工艺评定，附录D 圆柱头焊钉焊接工艺评定，附录E 焊接接头超声检测方法及质量分级，附录F 焊接接头射线检测质量评定，附录G 摩擦面抗滑移系数试验方法，附录H 高强度螺栓安装施拧工艺规程，附录J 高强度环槽铆钉安装铆接工艺规程。

本规范由田克平负责起草第1、2、3章，黄李骥负责起草第4章，孙艳萍负责起草第5、11章（其中第5.4.2条、第5.5.3条由刘治国负责起草），马立芬负责起草第6、8章（其中第6.2.12条、第8.4节由刘治国起草），庞延波负责起草第7章（其中第7.3节由付常谊起草，第7.4.7条由刘治国起草），孔晨负责起草第9章（其中第9.2.7条由刘治国起草），罗海生负责起草第10章，张志新、刘大成、田唯、荣国城负责起草第12章，张丽惠负责起草第13章（其中第13.4节由付常谊、田克平起草），张志新负责起草第14章；马立芬负责起草附录A，孙艳萍负责起草附录B，罗海生负责起草附录C，庞延波负责起草附录D，付常谊负责起草附录E、附录F、附录J，刘治国负责起草附录 G，张丽惠负责起草附录 H。

本规范由交通运输部公路局负责管理，由中交一公局集团有限公司负责具体技术内容的解释。在执行过程中，如有意见或建议，请函告本规范日常管理组，联系人：张志新（地址：北京市朝阳区管庄周家井世通国际大厦，邮政编码：100024；电话010-65168269，电子邮箱：zhangzhixin@cfhec.com），以便修订时研用。

主 编 单 位：中交一公局集团有限公司
参 编 单 位：上海振华重工（集团）股份有限公司
　　　　　　中铁山桥集团有限公司
　　　　　　中铁宝桥集团有限公司
　　　　　　中交世通（重庆）重工有限公司
　　　　　　中交公路规划设计院有限公司
　　　　　　中交第二航务工程局有限公司
　　　　　　保利长大工程有限公司

主　　　　编：田克平
主要参编人员：张志新　马立芬　孙艳萍　罗海生　庞延波　孔　晨
　　　　　　付常谊　刘治国　张丽惠　黄李骥　刘大成　田　唯
　　　　　　荣国城

主　　　　审：胡广瑞
参与审查人员：李军平　张金铎　程季青　刘春凤　陈彦君　钟建驰
　　　　　　林新元　李　松　程德宏　程志虎　阮家顺　侯华兴
　　　　　　秦大航　张太科　王国亮　娄玉春　叶觉明　孙凌云
　　　　　　张玉玲　段晓华　董中波　张冬青　刘　硕　陈　冉

目　次

1 总则 ··· 1
2 术语 ··· 3
3 基本规定 ·· 5
4 材料 ··· 7
 4.1 一般规定 ··· 7
 4.2 钢材 ··· 7
 4.3 焊接材料 ··· 8
 4.4 圆柱头焊钉 ·· 8
 4.5 高强度螺栓连接副 ··· 8
 4.6 高强度环槽铆钉连接副 ··· 9
 4.7 涂装材料 ··· 9
 4.8 密封材料 ··· 9
5 下料与加工 ·· 10
 5.1 一般规定 ·· 10
 5.2 下料 ·· 10
 5.3 零件矫正与弯曲 ·· 12
 5.4 机加工 ·· 14
 5.5 零件尺寸 ·· 15
 5.6 制孔 ·· 21
 5.7 检验 ·· 22
6 组装 ··· 25
 6.1 一般规定 ·· 25
 6.2 组装 ·· 27
 6.3 检验 ·· 37
7 焊接、焊接检验及矫正 ··· 39
 7.1 一般规定 ·· 39
 7.2 焊接 ·· 40
 7.3 焊接检验 ·· 46
 7.4 矫正 ·· 58
 7.5 检验 ·· 61

8 试拼装、预拼装	62
8.1 一般规定	62
8.2 试拼装	62
8.3 预拼装	64
8.4 钢塔预拼装	68
8.5 检验	69
9 成品尺寸检验与验收	71
9.1 一般规定	71
9.2 成品尺寸	71
9.3 检验	82
10 涂装	84
10.1 一般规定	84
10.2 表面处理	84
10.3 工厂涂装	85
10.4 工地现场涂装	86
10.5 摩擦面处理	87
10.6 检验	88
11 包装、存放与运输	90
11.1 一般规定	90
11.2 包装与标识	90
11.3 存放	91
11.4 厂内转运	92
11.5 装卸	92
11.6 运输	93
12 安装	95
12.1 一般规定	95
12.2 施工准备	97
12.3 支架上安装	98
12.4 悬臂拼装	100
12.5 提升安装	104
12.6 顶推施工	108
12.7 整孔与大节段安装	111
12.8 转体施工	113
13 工地连接	115
13.1 一般规定	115

13.2	焊接连接	115
13.3	栓接连接	116
13.4	铆接连接	118
14	**安装施工质量控制**	**119**
14.1	一般规定	119
14.2	平面位置与高程	120
14.3	线形控制	121
14.4	内力与变形控制	122
附录A	原材料复验规程	125
附录B	钢板、加工及焊缝外观缺陷的修补	129
附录C	钢材焊接工艺评定	130
附录D	圆柱头焊钉焊接工艺评定	135
附录E	焊接接头超声检测方法及质量分级	137
附录F	焊接接头射线检测质量评定	139
附录G	摩擦面抗滑移系数试验方法	141
附录H	高强度螺栓安装施拧工艺规程	143
附录J	高强度环槽铆钉安装铆接工艺规程	149
本规范用词用语说明		154

1 总则

1.0.1 为适应公路钢结构桥梁建设的需要，统一技术准则，保证工程质量和施工安全，制定本规范。

1.0.2 本规范适用于公路钢结构桥梁的制造和安装施工。

条文说明

条文中的"钢结构"一般指采用钢材通过制作加工而成并用于桥梁中承受荷载的主体结构，主要包括梁（钢板梁、钢箱梁、钢桁梁）、拱（钢管拱、钢箱拱、钢桁拱）、墩（钢箱或钢管结构）、塔、钢锚梁、钢锚箱等，以及钢混组合结构中的钢梁或钢管等；不包括桥梁所用的预应力锚具、预应力筋、支座、伸缩装置、阻尼器，以及缆索结构桥梁中的索鞍、主缆、索夹、吊索（杆）、斜拉索等专用钢制产品，因其均已有相应的国家或行业产品标准。本规范未对附属结构的制造作专门规定，需要时可以参照主体结构的要求进行。

"钢结构桥梁"习惯上也简称"钢桥"。

1.0.3 当采用本规范未涉及的新材料、新结构、新技术和新工艺时，应补充技术条款指导制造和安装施工。

1.0.4 公路钢结构桥梁的制造宜积极推广应用数字化、自动化和信息化的先进技术、工艺和设备。

条文说明

随着技术的发展，特别是信息技术的日新月异，各种数字化、自动化和信息化的手段不断增多，BIM技术、三维建模、数控设备以及工业机器人已在制造业和工程建设领域得到越来越多的应用，本规范鼓励和提倡在公路钢结构桥梁的制造中积极推广应用这些先进的技术、工艺和设备，以提高效率，保证制造精度和工程质量。

1.0.5 公路钢结构桥梁的制造和安装施工，应建立健全质量管理体系和安全生产管理体系，并应实施全过程管理。

1.0.6 公路钢结构桥梁的制造和安装施工除应符合本规范的规定外，尚应符合国家和行业现行有关标准的规定。

2 术语

2.0.1 构件 assembly
由若干零件、板单元或杆件组合而成，可独立安装的结构单元。

2.0.2 杆件 member
组成钢桁梁和钢板梁的基本单元。按功能分为主要杆件和次要杆件，上弦杆、下弦杆、斜杆、竖杆、横梁、纵梁、横联、主梁等为主要杆件，其余为次要杆件。

2.0.3 板单元 steel panel
由板和纵横肋组成的基本单元。包括钢箱梁的顶板单元、腹板单元、底板单元、隔板单元，以及钢塔的壁板单元、隔板单元等。

2.0.4 零件 part
组成构件的最小单元。按功能分为主要零件和次要零件，钢箱梁的顶板、底板、腹板、横隔板、纵隔板、U形肋、斜拉索锚箱板；吊索的锚固耳板、拼接板；钢桁梁及钢箱拱的盖板、腹板、横隔板、节点板、拼接板；钢板梁的主梁盖板、腹板、横梁盖板、腹板、拼接板；钢塔的壁板、隔板、锚固板、拼接板；钢管拱的拱肋弦管、腹杆、横撑管、内法兰等为主要零件。其余为次要零件。

2.0.5 主要焊缝 principal weld
主要零件的纵、横向对接焊缝及主要零件之间的连接焊缝。包括顶板、底板、腹板的横向和纵向对接焊缝，构件节段的横桥向对接焊缝，横隔板、纵隔板立位对接焊缝，T形接头和角接接头熔透角焊缝等。

2.0.6 试拼装 test assembly
在批量制造前，选取有代表性的典型杆件所进行的拼装。

2.0.7 预拼装 trial assembly
在安装施工前，为检验构件能否满足安装质量要求而进行的连续匹配拼装。

2.0.8 节段（梁段） segment
为制造或安装需要而分段设置的构件。

2.0.9 大节段钢梁 large segmental of steel girder
节段安装长度不小于50m或安装质量不小于1 000t的钢梁。

2.0.10 产品试板 product test plate
为检验纵、横向对接焊缝焊接质量而设置的试件。

2.0.11 环槽铆钉 ring groove rivet
杆部具有一系列同轴环槽的铆钉。

3 基本规定

3.0.1 钢结构桥梁在制造前，制造厂应对设计文件进行工艺性审核，并应按设计规定绘制加工图、编制制造工艺文件。当需要对设计图纸进行调整和变更时，应取得原设计单位的同意，并应履行相关的设计变更程序。

条文说明

制造前对设计文件进行工艺性审核，然后再将其转化为加工图，将结构构件分解为板单元和零件，主要是为了制造厂便于生产加工。对设计文件进行工艺性审核时，通常需要考虑以下内容：
(1) 设计图的节段划分是否符合制造、运输和架设安装的条件；
(2) 构件是否标准化、通用化，以减少工装的制造量；
(3) 制造厂现有的设备和条件是否满足制造的要求；
(4) 焊缝布置、焊缝形式及操作空间是否合理及焊接变形对质量的影响；
(5) 选用钢材的品种规格是否与可能供应的材料相符；
(6) 制造数量、质量要求和运输方式等是否明确。

3.0.2 钢结构桥梁的制造应按加工图、技术标准和制造工艺进行。

条文说明

加工图、技术标准和制造工艺是钢结构桥梁制造的主要依据，需要在制造过程中得到严格执行。

3.0.3 钢结构桥梁的制造应建立完善的质量检验制度。在制造过程中，各工序应按技术标准进行质量控制；每道工序完成后，应进行检查，并形成记录；工序间应进行交接检验，未经检验或检验不合格的不得进行下道工序生产。

3.0.4 钢结构桥梁制造和安装的检验应使用经检定合格的计量器具，并应按有关规定进行操作。

3.0.5 从事钢结构桥梁焊接和焊接无损检测的人员均应具有国家法定机构颁发的资

格证书，并应仅从事资格证书规定范围内的工作。

3.0.6 在钢结构桥梁制造前，焊工应通过制造厂组织的培训考核，经监理工程师批准并备案后方可上岗作业；当焊工的停焊时间超过 6 个月时，应重新对其培训考核并经批准备案。

3.0.7 钢结构桥梁的制造和安装应及时建立施工监控体系，并应在制造前具有构件的制造线形。

3.0.8 钢结构桥梁的构件在制造完成后，制造厂应对其质量进行检验验收。设计相同的构件在制造精度上宜达到互换要求。

3.0.9 钢结构桥梁的安装施工应编制专项施工方案，并应对施工中存在的风险进行管理和控制。

3.0.10 主要材料、制造和安装施工的质量检验记录和质量证明文件等资料应齐全完整、真实有效，并应具有可追溯性。

3.0.11 钢结构桥梁在制造和安装施工过程中，应落实安全责任，严格执行相关的安全操作规程。

4 材料

4.1 一般规定

4.1.1 公路钢结构桥梁制造所用的材料应符合设计文件和相关标准的规定，进厂材料除应有质量证明文件外，制造厂尚应按相关标准和本规范附录 A 的规定进行抽样检验，检验合格后方可使用。

4.1.2 对各种材料的存放、使用和回收均应制定相应的管理制度，并应保证其性能稳定、可靠。

4.2 钢材

4.2.1 钢材的性能和质量应符合设计文件和现行《低合金高强度结构钢》（GB/T 1591）、《桥梁用结构钢》（GB/T 714）、《耐候结构钢》（GB/T 4171）和《碳素结构钢》（GB/T 700）的规定。钢材应具有合理的交货状态、化学成分、力学性能、工艺性能及焊接性能。

条文说明

公路钢结构桥梁常用的钢材有低合金结构钢、桥梁用结构钢、耐候结构钢和碳素结构钢等，其中主体结构一般采用低合金结构钢、桥梁用结构钢或耐候结构钢，常用交货状态为正火或热机械轧制（TMCP）；次要结构或附属结构一般采用碳素结构钢。

4.2.2 有 Z 向性能要求的钢板，应符合设计文件和现行《厚度方向性能钢板》（GB/T 5313）的规定。

4.2.3 钢板的尺寸、外形、重量等应符合设计文件和现行《热轧钢板和钢带的尺寸、外形、重量及允许偏差》（GB/T 709）的规定。

4.2.4 钢板的表面质量应符合现行《热轧钢板表面质量的一般要求》（GB/T 14977）的规定。在加工过程中发现的缺陷需要修补时，应符合本规范附录 B 的规定。

4.2.5 钢材的存放应符合下列规定：
1 应远离酸、碱、盐等侵蚀性介质。
2 不同品种和规格的钢材应分别存放，防止混淆。
3 宜存放在仓库内，且应设置垫木或其他适宜的支垫物，安放平直，防止其弯曲变形。
4 露天存放时，场地应有完善的排水设施；型钢的开口侧不得向上，避免积水。

4.3 焊接材料

4.3.1 焊接材料应根据焊接工艺评定试验确定。

4.3.2 焊条应符合现行《热强钢焊条》（GB/T 5118）、《非合金钢及细晶粒钢焊条》（GB/T 5117）的规定。

4.3.3 气体保护焊用焊丝应符合现行《熔化焊用钢丝》（GB/T 14957）、《熔化极气体保护电弧焊用非合金钢及细晶粒钢实心焊丝》（GB/T 8110）、《热强钢药芯焊丝》（GB/T 17493）和《非合金钢及细晶粒钢药芯焊丝》（GB/T 10045）的规定。

4.3.4 埋弧焊所使用的焊丝和焊剂应符合现行《埋弧焊用热强钢实心焊丝、药芯焊丝和焊丝-焊剂组合分类要求》（GB/T 12470）、《埋弧焊用非合金钢及细晶粒钢实心焊丝、药芯焊丝和焊丝-焊剂组合分类要求》（GB/T 5293）的规定。

4.3.5 焊接材料应按种类、牌号、规格和批号分类保管存放，存放场所应干燥、通风良好。

4.4 圆柱头焊钉

4.4.1 圆柱头焊钉和焊接瓷环的质量及检验应符合现行《电弧螺柱焊用圆柱头焊钉》（GB/T 10433）的规定。

4.4.2 圆柱头焊钉和焊接瓷环应按种类、牌号、规格和批号分类保管存放，存放场所应干燥、通风良好。

4.5 高强度螺栓连接副

4.5.1 高强度螺栓连接副的质量及检验应符合现行《钢结构用高强度大六角头螺栓》（GB/T 1228）、《钢结构用高强度大六角螺母》（GB/T 1229）、《钢结构用高强度垫圈》(GB/T 1230)和《钢结构用高强度大六角头螺栓、大六角螺母、垫圈技术条件》(GB/T 1231)的规定。

4.5.2 高强度螺栓连接副在运输、存放保管过程中应防雨防潮，并应轻装、轻卸，不得损坏密封包装及损伤螺纹。

4.6 高强度环槽铆钉连接副

4.6.1 高强度环槽铆钉连接副的质量及检验应符合现行《环槽铆钉连接副 技术条件》(GB/T 36993)的规定。

4.6.2 高强度环槽铆钉连接副在运输、存放保管过程中应防雨防潮，并应轻装、轻卸，不得损坏密封包装及损伤环槽。

4.7 涂装材料

4.7.1 涂装材料应符合设计文件和现行《公路桥梁钢结构防腐涂装技术条件》(JT/T 722)的规定。

4.7.2 涂装材料应存放在专用库房内，涂装时不得使用超出质保期的涂料。

4.8 密封材料

4.8.1 密封材料应符合设计文件和相关产品标准的规定。

4.8.2 密封材料应存放在专用库房内，超出质保期时不得使用。

5 下料与加工

5.1 一般规定

5.1.1 钢板在下料前应按下列规定进行预处理：
1 预处理宜包括辊平、抛丸除锈、除尘及涂防锈底漆等工序。
2 对构件在车间内加工制作且在非梅雨季节使用的钢材，当确认其不会产生锈蚀时，可不喷涂防锈底漆；设计对车间防锈底漆有要求时，应从其规定。
3 预处理完成后，应及时将钢板原有的牌号、规格、炉批号等信息移植到经处理后的钢板上。

条文说明

下料前对钢板进行预处理的主要目的是：消除钢板轧制过程中在其表面留存的残余应力；调整提高钢板表面的平整度，防止进厂的钢板因弯曲、翘曲等因素影响切割质量；防止钢板在构件的制造过程中产生锈蚀等。

1 对钢板进行辊平处理时，制造厂的设备能力一般对较薄的板效果较好，而对厚钢板，特别是厚度大于32mm的钢板，辊平效果则较差，较难达到调整提高钢板表面平整度的目的，因此在采购厚钢板时可能需要对钢厂提出有关平整度的要求。对耐候钢和需要镀锌的钢板，其预处理通常仅包括辊平、抛丸除锈等工序。

2 普通钢板当储存和制造时间较长时，由于空气、湿度等环境条件的原因易产生锈蚀，一般情况下需要在下料加工前进行临时防锈处理；但对一些确认不会产生锈蚀的情况，则作出了较为灵活的规定。

3 及时移植信息的目的是使零件易于识别且具有可追溯性。

5.1.2 钢材的下料与加工应按加工图和工艺文件进行。在下料前应对钢材的牌号、规格、外观质量和质检资料等进行核对，确认无误后方可下料。

5.1.3 钢材在起吊、搬移和存放过程中，应防止其产生永久变形。钢板的起吊和搬移宜采用磁力吊，严禁使用易损伤钢板的钢丝钳等夹持式工具。

5.2 下料

5.2.1 切割的准备工作应符合下列规定：

1 切割工艺应根据切割工艺试验的结果进行编制。
2 下料尺寸应按要求预留足够的加工余量。
3 主要零件下料时，应使钢材的轧制方向与其主要应力方向一致。

条文说明

1 切割工艺试验的内容通常包括粗糙度、硬度和微裂纹等。
2 加工余量通常包括焊接变形、切割余量、机加工余量和二次切割余量等。

5.2.2 切割时钢板应放平、垫稳，切割缝的底面应留有空隙。切割表面不应有裂纹，切割产生的挂渣应清除。

5.2.3 零件宜采用数控、自动或半自动等方式精密切割下料。切割后其边缘不进行机加工的零件应符合下列规定：
1 切割面的质量应符合表5.2.3的规定。
2 尺寸允许偏差应符合本规范第5.5节的规定。
3 钢材强度级别不小于420MPa时，切割面的硬度应不超过380HV10；其他钢材切割面的硬度应不超过350HV10。

表5.2.3 切割面质量

序号	名　称	主要零件	次要零件	备　注
1	表面粗糙度	25μm	50μm	按GB/T 10610用样块检测
2	崩坑	不允许	1 000mm长度内允许有1处1mm	
3	塌角		圆角半径≤1mm	
4	切割面垂直度	≤0.05t（t为板厚），且≤2mm		

5.2.4 相贯连接的钢管应采用相贯线切割机进行切割。

5.2.5 剪切仅可用于次要零件或剪切后仍需要加工的零件。采用剪切工艺时，钢板厚度宜不大于12mm，剪切边缘应平整，无毛刺、反口、缺肉等缺陷。剪切的尺寸允许偏差应为±2mm，边缘缺棱应不大于1mm，型钢端部垂直度应不大于2mm。

5.2.6 手工焰切仅可用于工艺特定或焰切后仍需再加工的零件，其尺寸允许偏差应为±2mm。手工焰切后不再加工的零件应修磨匀顺。

条文说明

工艺特定的零件是指不便采用自动切割或半自动切割边缘的零件。

5.2.7 切割完毕后,应对主要零件进行标识并记录。

条文说明

标识的目的是使零件在制造过程中容易被识别,而且可以追溯。标识一般包括钢材牌号、板厚、零件号等信息。

5.2.8 对切割边缘的缺口或崩坑等缺陷,应按本规范附录 B 的规定进行修补。

5.3 零件矫正与弯曲

5.3.1 零件的矫正宜采用冷矫,矫正后的零件其表面不应有明显的凹痕和损伤。

5.3.2 零件冷矫时的环境温度不宜低于 -12℃。

条文说明

钢材在低温时塑性较差,为防止因冷矫导致脆断,需要对冷矫时的环境温度加以限制。

5.3.3 采用热矫时,其工艺要求应符合表 5.3.3 的规定。矫正后的零件应自然冷却,冷却过程中不得锤击和用水急冷。

表 5.3.3 热矫工艺要求

序 号	牌 号	交货状态	工艺要求
1	Q370qD、Q370qE Q420qD、Q420qE	TMCP + 回火、TMCP	≤750℃,严禁保温
2	Q500qE	TMCP + 回火、TMCP	≤700℃,严禁保温
3	其他钢种	热轧、正火等	≤800℃,严禁保温

条文说明

热矫正时,由于受热的高温区金属产生膨胀力,使相距较远的低温区金属产生压应力,导致构件在两力交界处的组织松疏;一旦高温区急冷,无热量供给,松疏组织使其收缩复原而产生拉应力,有时会出现应力大于金属材料屈服点的情形,且加热区的钢材会有明显的脆化现象,因此规定不得用水急冷。

5.3.4 主要零件冷作弯曲时,环境温度宜不低于 -5℃,弯曲后的零件边缘不得有裂纹。

5.3.5 主要零件采用热煨成形时，热煨的加温温度、高温停留时间和冷却速率应与所加工钢材的性能相适应。零件热煨温度应控制在900~1 000℃。弯曲成形后的零件边缘不得有裂纹。

5.3.6 钢管的弯曲宜采用加热预压方式，实施前应进行钢管弯曲工艺评定试验，在确定弯曲度时尚应计入回弯的影响；弯曲时，钢管不应出现鼓包及拉薄等现象。弯曲后的管节应自然冷却，不得用水急冷。

5.3.7 零件矫正的允许偏差应符合表5.3.7的规定。

表5.3.7 零件矫正允许偏差（mm）

序号	名 称	允许偏差		简 图
1	钢板平面度	$f \leq 1$	栓接部位	
		$f \leq 2$	其余部位	
2	钢板直线度	$f \leq 2$	$L \leq 8m$	
		$f \leq 3$	$L > 8m$	
3	型钢直线度	$f \leq 1$		
4	角钢肢垂直度	$\Delta \leq 1$	栓接部位（角度不得大于90°）	
		$\Delta \leq 2$	其余部位	
5	角钢肢、槽钢肢平面度	$\Delta \leq 1$		
6	工字钢、槽钢、H型钢腹板平面度	$\Delta \leq 1$		
7	工字钢、槽钢、H型钢翼缘垂直度	$\Delta \leq 1$	栓接部位	
		$\Delta \leq 2$	其余部位	

5.4 机加工

5.4.1 零件的机加工应符合下列规定：

1 加工面的表面粗糙度应不大于 Ra25μm，零件边缘的加工深度应不小于 3mm；零件边缘硬度不超过 350HV10 时，加工深度可不受此限。

2 顶紧传力面的表面粗糙度应不大于 Ra12.5μm；顶紧加工面与板面垂直度的偏差应小于 0.01t（t 为板厚），且不得大于 0.3mm。

5.4.2 钢塔节段端面的机加工应符合下列规定：

1 从事钢塔节段机加工的操作人员应进行岗前培训并经考核合格。

2 节段端面机加工前，应设计定位工作平台，平台应具有足够的刚度，并应设置精确的定位调整装置，其精度应满足节段端面机加工的要求。

3 对钢塔节段划线时，应提前将其置于机加工车间，使各部位的温度达到均衡，且宜选择在钢塔节段的壁板、腹板温差不大于 2℃ 时进行。

4 机加工前应对节段的受力状态和支点位置进行分析计算，保证节段的端面与轴线垂直。在节段支撑稳定后，宜调整支点反力，使各点受力均匀后再进行划线及定位操作。

5 端面加工时应按切削基准线进行铣削，同时应对加工时产生的切削热采取冷却措施。

6 节段端面加工完成后，应采用钢划针划出预拼装对位线，并作出标识；加工端面宜进行临时涂装防锈保护。

7 钢塔节段端面机加工精度的允许偏差应符合表 5.4.2 的规定。

表 5.4.2 钢塔节段端面机加工精度允许偏差（mm）

序号	名 称	允许偏差	简 图
1	长度 L	±2	
2	两端面的平行度	≤0.5	
3	平面度 f	0.25/全平面（面积≤42m²）	
		0.4/全平面（面积>42m²）	
4	表面粗糙度	Ra12.5μm	
5	钢塔节段端面对轴线的垂直度（顺桥向、横桥向）	≤1/10 000	

条文说明

节段端面机加工适用于采用"金属接触+螺栓连接"方式连接的钢塔，是钢塔制造过程中的一道重要工序，在组装、焊接修正后进行。机加工通常根据设计要求的节段精度来选择切削刀具、确定切削参数，并制订相应的铣削加工工艺及质量控制措施。对于采用"焊接连接"的钢塔，一般不要求进行端面的机加工。

3 减少加工车间内的温度变化，防止阳光的直接照射及外部气流的影响，能降低机加工过程中钢塔节段的温度变形，提高加工精度。

5.5 零件尺寸

5.5.1 钢箱梁零件尺寸的允许偏差应符合表5.5.1的规定。钢箱墩、钢盖梁零件尺寸的允许偏差可按表5.5.1的规定执行。

表5.5.1 钢箱梁零件尺寸允许偏差（mm）

序号	名称		允许偏差	简图
1	U形肋	长度 L	±2	
		上宽 B_1	+3，-1	
		下宽 B_2	±1.5	
		高度 H_1、H_2	±1.5	
		两肢差 $\lvert H_1-H_2 \rvert$	≤2	
		旁弯、竖弯	≤$L/1\,000$ 且≤6	
		扭转	≤3	
2	顶板、底板、腹板	长度 L	±2①	
		宽度 B	±2	
		对角线差 $\lvert L_1-L_2 \rvert$	≤3	
3	横隔板	长度 L、宽度 B	±2	
		槽口尺寸偏差 S_1	+2，0	
		任意两槽口中心距 S_2	±2	
		相邻两槽口中心距 S_3	±1	
		对角线差 $\lvert \triangle L_1-\triangle L_2 \rvert$	≤5	注：$\triangle L_1$、$\triangle L_2$ 为理论值与实际值的差值
4	横隔板接板	长度 L	±2	
		宽度 B 与横隔板搭接	±2	
		宽度 B 与横隔板对接	±1	
		槽口尺寸偏差 S_1	+2，0	
		任意两槽口间距 S_2	±2	
		相邻两槽口间距 S_3	±1	

续表 5.5.1

序号	名称		允许偏差	简图
5	纵隔板	板件长度 L	±2	
		板件宽度 B	±2	
6	锚箱承力板	长度 L	±2	
		宽度 B	±2	
7	吊索锚固耳板	长度 L、宽度 B	±2	
		孔间距 S	±2	
8	其他板件	长度 L	±2	
		宽度 B	±2	
9	检查车轨道	长度 L	±2	
		端面垂直度 f	≤2	
10	其他型钢	长度 L	±3	
		端面垂直度 f	≤2	

注：①留二次配切量时正差可适当放宽。

5.5.2 钢桁梁、钢板梁零件尺寸的允许偏差应符合表5.5.2的规定。钢桁梁桥面板块、桁梁腹板零件尺寸的允许偏差应按表5.5.1的规定执行。

表 5.5.2　钢桁梁、钢板梁零件尺寸允许偏差（mm）

序号	名　　称		允许偏差	简　　图
1	钢桁梁的弦杆、斜杆、竖杆、横梁、纵梁，连接系构件，钢板梁主梁	翼缘板腹板长度 L	±2[①]	
		翼缘板宽度 B　箱形	+2, 0	
		翼缘板宽度 B　工形	±2	
		腹板宽度 B	根据翼缘板厚度及焊接收缩量确定	
2	箱形构件内隔板	宽度　$B \leqslant 1\,000$	+0.5, 0	
		宽度　$B > 1\,000$	+1, 0	
		高度 H	0, −1	
		板边垂直度　$H \leqslant 1\,000$	≤0.5	
		板边垂直度　$H > 1\,000$	≤1	
		槽口尺寸偏差 S	±1	
3	连接板	长度 L、宽度 B	±2	
4	其余零件长度、宽度		±2	
5	楔形板（支座垫板等）	厚度 t_1、t_2	±1	
		斜角 α	≤0.2°	

注：① 留二次配切量时正差可适当放宽。

5.5.3　钢塔零件尺寸的允许偏差应符合表 5.5.3 的规定。

表 5.5.3　钢塔零件尺寸允许偏差（mm）

序号	名　　称	允许偏差	简　　图
1	壁板和腹板、横梁翼缘板和腹板	长度 L、宽度 B　±2	
		对角线差 $\|L_1 - L_2\|$　≤3	
		板边直线度　≤2	
2	隔板	长度 L、宽度 B　±1	
		槽口尺寸偏差 S_1　±2	
		槽口间距 S_2　±2	
		板边垂直度　≤2	
		平面度　2/1 000	

续表 5.5.3

序号	名 称		允许偏差	简 图
3	钢锚梁锚垫板和锚下承压板	长度 L、宽度 B	±2	
		平面度	≤0.2	
4	其他零件	长度、宽度	±2	

5.5.4 钢锚梁、钢锚箱零件尺寸的允许偏差应符合表 5.5.4 的规定。

表 5.5.4 钢锚梁、钢锚箱零件尺寸允许偏差（mm）

序号	名 称		允许偏差	简 图
1	钢锚梁拉板	长度 L	±2	
		宽度 B	±2	
		对角线差 $\|L_1-L_2\|$	≤3	
2	钢锚箱拉板	长度 L	±1	
		宽度 B	+1，-0.5	
		对角线差 $\|L_1-L_2\|$	≤2	
3	承力板	长度 L	+1，0	
		宽度 B	+1，-0.5	
		对角线差 $\|\triangle L_1 - \triangle L_2\|$	≤2	注：$\triangle L_1$、$\triangle L_2$ 分别是 L_1、L_2 的理论值与实际值的差值
4	锚箱隔板	长度 L	±2	
		宽度 B	+1，0	
		对角线差 $\|L_1-L_2\|$	≤2	
		垂直度	0.1°	

续表 5.5.4

序号	名 称		允许偏差	简 图
5	锚垫板、承压板	长度 L、宽度 B	±2	
		平面度	≤0.2	
6	连接板	长度 L、宽度 B	±2	
7	套筒	长度 L	±3	
		端面垂直度 f	≤2	
8	壁板	长度 L	±2	
		宽度 B	±1	
		椭圆孔轴线角度 α	±0.15°	
		椭圆孔定位尺寸 L_1、B_1	±2	
9	钢锚梁盖板、钢锚箱横隔板	长度	±2	
		宽度	±1	
10	其余零件	长度、宽度	±2	

条文说明

钢锚梁通常由拉板、壁板、锚下承压板和锚垫板等零件组成，如图 5-1 所示；钢锚箱通常由拉板、壁板、锚下承压板、锚垫板、腹板和加劲隔板等零件组成，如图 5-2 所示。

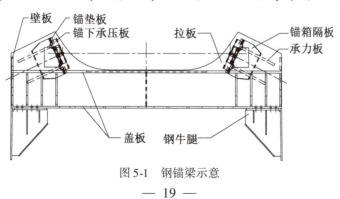

图 5-1 钢锚梁示意

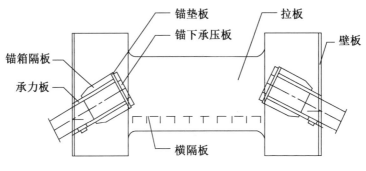

图 5-2 钢锚箱示意

5.5.5 钢箱拱拱肋零件尺寸的允许偏差应符合表 5.5.5 的规定。

表 5.5.5 钢箱拱拱肋零件尺寸允许偏差（mm）

序号	名　称		允许偏差	简　图
1	顶板、底板、腹板	长度 L	±2①	
		对角线差 $\|L_1-L_2\|$	≤2	
2	顶板、底板宽度 B		+2, 0	
3	腹板	宽度 B	±2	
		对角线差 $\|L_1-L_2\|$	≤2	
		矢高 f	≤5	
4	隔板	宽度 B、高度 H	±1	
		槽口定位尺寸 S	±1	
		板边垂直度	≤1	
5	其余零件	长度 L	±2	
		宽度 B	±2	

注：①留二次配切量时正差可适当放宽。

5.5.6 钢管拱、钢管墩零件尺寸的允许偏差应符合表 5.5.6 的规定。

表 5.5.6 钢管拱、钢管墩零件尺寸允许偏差（mm）

序号	名　称		允许偏差	简　图
1	钢管拱	长度 L	±3[①]	
2		纵向弯曲 f	≤L/1 000 且 ≤5	
3		管端不平度 f	≤d/500 且 ≤3	
4	钢管墩	长度 L	±5[①]	
5		管端不平度 f	≤5	
6		外径 d	±d/500 且 ±5	
7	椭圆度 f	栓接部位	≤d/500	
		其余部位	且 ≤5	

注：[①] 留二次配切量时正差可适当放宽。

5.6 制孔

5.6.1 高强度螺栓孔、铆钉孔和主要零件上的螺栓孔应钻制成形。

5.6.2 钻孔应在零件或构件矫正后进行。孔形应为正圆柱形，孔壁表面的粗糙度应不大于 Ra25μm，孔的圆度偏差应不大于 0.5mm。孔缘应平顺、无损伤、无刺屑。

5.6.3 高强度螺栓孔、铆钉孔和主要零件上螺栓孔的孔径允许偏差应符合表 5.6.3 的规定。

表 5.6.3　高强度螺栓孔、铆钉孔和主要零件上螺栓孔的孔径允许偏差（mm）

序号	螺栓、铆钉直径	螺栓、铆钉孔径	允许偏差	
			孔径	孔壁垂直度
1	M12	14	+0.5，0	板厚 $t \leq 30$ 时，不大于 0.3；板厚 $t > 30$ 时，不大于 0.5
2	M16	18	+0.5，0	
3	M18	20	+0.7，0	
4	M20	22	+0.7，0	
5	M22	24	+0.7，0	
6	M24	27	+0.7，0	
7	M27	30	+0.7，0	
8	M30	33	+0.7，0	

注：在 U 形肋和板肋上，孔径可比表中值大 2mm，但其连接板孔径应采用表中值。

5.6.4 高强度螺栓孔、铆钉孔和主要零件上螺栓孔的孔距允许偏差应符合表 5.6.4 的规定；设计文件对孔距偏差有特殊要求的，应符合其规定。

表 5.6.4　高强度螺栓孔、铆钉孔和主要零件上螺栓孔的孔距允许偏差（mm）

序号	名称		允许偏差					
			钢箱梁	钢桁梁	钢板梁	钢塔	钢箱拱	其他构件
1	两相邻孔距离		±0.5	±0.4	±0.4	±0.4	±0.4	±0.4
2	同一孔群任意两孔距		±0.8	±0.8	±0.8	±0.8	±0.8	±1.0
3	多组孔群两相邻孔群中心距		—	±0.8	±1.5	±0.8	±0.8	±1.0
4	两端孔群中心距	$L \leq 11$m	±1.5①	±0.8	±0.8（±4.0）②	±1.5	±0.8	±1.5
		$L > 11$m	±2.0①	±1.0	±1.0（±8.0）②	±2.0	±1.0	±2.0
5	孔群中心线与构件中心线的横向偏移	腹板不拼接	—	2.0	2.0	2.0	2.0	—
		腹板拼接	—	1.0	1.0	1.0	1.0	—
6	构件任意两面孔群纵、横向错位		—	1.0	—	1.0	1.0	—
7	孔与自由边距③		±2.0					

注：①桥面板单元 U 形肋采用特配连接板时可适当放宽。
②括号内数值为连接支座的孔群中心距允许偏差。
③连接板安装后，不与其余构件相连的，正差不受此限。

5.7　检验

5.7.1 下料应符合本规范第 5.2 节的规定，并应符合下列规定：
1　钢材切割面应无裂纹、夹渣、分层和大于 1mm 的缺棱。

检验方法：目视检查，有异议时做磁粉检查。

2 崩坑缺陷的修补应符合本规范附录 B 的规定。

检验方法：目视检查，有异议时做磁粉检查。

3 精密切割应符合本规范第 5.2.3 条的规定。

检验方法：目视检查，用钢卷尺、拉力器、直角尺、钢板尺、样块检查。

4 剪切的允许偏差应符合本规范第 5.2.5 条的规定。

检验方法：目视检查，用钢卷尺、直角尺、钢板尺、样块检查。

5 手工焰切应符合本规范第 5.2.6 条的规定。

检验方法：目视检查，用钢卷尺、直角尺、钢板尺、样块检查。

5.7.2 零件矫正与弯曲应符合本规范第 5.3 节的规定，并应符合下列规定：

1 矫正后的钢材表面不应有明显的凹痕或损伤。

检验方法：目视检查。

2 零件矫正的允许偏差应符合本规范第 5.3.7 条的规定。

检验方法：目视检查，用钢卷尺、平尺、拉力器、直角尺、钢板尺、塞尺、样块检查。

5.7.3 机加工应符合本规范第 5.4 节的规定，并应符合下列规定：

1 顶紧传力面的表面粗糙度、顶紧加工面与板面垂直度应符合本规范第 5.4.1 条第 2 款的规定。

检验方法：目视检查，比照样块检查。

2 钢塔节段端面机加工应符合本规范第 5.4.2 条的规定。

检验方法：钢盘尺，精密激光跟踪测量系统，粗糙度测量仪或样块对比法。

3 零件应磨去边缘的飞刺、挂渣，使端面光滑匀顺。

检验方法：目视检查。

5.7.4 零件尺寸应符合本规范第 5.5 节的规定，并应符合下列规定：

1 钢箱梁零件尺寸的允许偏差应符合本规范第 5.5.1 条的规定。钢盖梁、钢箱墩零件尺寸的允许偏差可按表 5.5.1 的规定执行或根据工艺文件确定。

检验方法：用钢卷尺、拉力器、直角尺、钢板尺检查。

2 钢桁梁、钢板梁零件尺寸的允许偏差应符合本规范第 5.5.2 条的规定。

检验方法：用钢卷尺、拉力器、直角尺、钢板尺检查。

3 钢塔零件尺寸的允许偏差应符合本规范第 5.5.3 条的规定。

检验方法：用钢卷尺、拉力器、直角尺、钢板尺检查。

4 钢锚梁、钢锚箱零件尺寸的允许偏差应符合本规范第 5.5.4 条的规定。

检验方法：用钢卷尺、拉力器、直角尺、钢板尺检查。

5 钢箱拱零件尺寸的允许偏差应符合本规范第 5.5.5 条的规定。

检验方法：用钢卷尺、拉力器、直角尺、钢板尺检查。

6 钢管拱、钢管墩零件尺寸的允许偏差应符合本规范第 5.5.6 条的规定。

检验方法：用钢卷尺、拉力器、直角尺、钢板尺检查。

5.7.5 制孔应符合本规范第 5.6 节的规定，并应符合下列规定：

1 螺栓孔、铆钉孔的成形、孔壁表面粗糙度、孔缘应符合本规范第 5.6.2 条的规定。

检验方法：目视检查，比照样块检查。

2 螺栓孔、铆钉孔的孔径允许偏差、孔壁垂直度应符合本规范第 5.6.3 条的规定。

检验方法：用游标卡尺、试孔器检查实物。

3 螺栓孔、铆钉孔的孔距允许偏差应符合本规范第 5.6.4 条的规定；有特殊要求的孔距允许偏差应符合设计文件的规定。

检验方法：用游标卡尺、钢板尺、钢卷尺、拉力器检查实物。

6 组装

6.1 一般规定

6.1.1 组装前应熟悉施工图和工艺文件，并应按图纸核对零件编号、外形尺寸、坡口方向及尺寸，确认无误后方可进行组装。

6.1.2 钢板接料应在构件组装前完成，并应符合下列规定：

1 钢桁梁、钢板梁翼缘板、腹板的接料长度宜不小于1 000mm，宽度均不得小于200mm，横向焊缝轴线距孔中心线宜不小于100mm。钢箱梁顶板、底板、腹板接料的纵向焊缝与U形肋、板肋焊缝间距不得小于100mm。

2 钢板梁的腹板和钢箱梁的顶板、底板、腹板接料焊缝可为十字形或T字形，T字形交叉点的间距不得小于200mm；腹板接料的纵向焊缝宜布置在受压区。

3 组装时应将相邻焊缝错开，错开的最小距离应符合图6.1.2-1的规定。

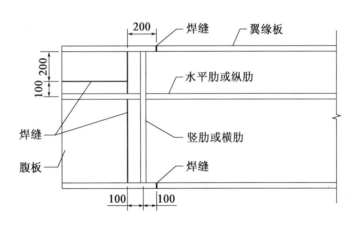

图6.1.2-1 焊缝错开的最小距离（尺寸单位：mm）

4 节点板不宜接长或接宽；特殊情况下需接宽时，焊缝错开的最小距离应符合图6.1.2-2的规定。

5 钢管拱弦管的接料长度应不小于1 000mm，且不小于钢管直径。焊缝错开的最小距离应符合图6.1.2-3的规定。

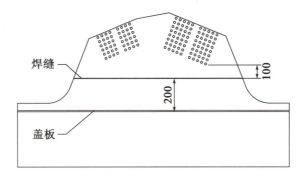

图 6.1.2-2 节点板焊缝错开的最小距离（尺寸单位：mm）

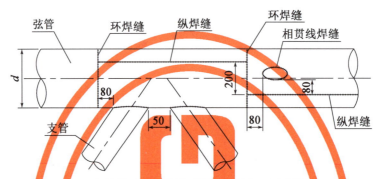

图 6.1.2-3 钢管拱弦管焊缝错开的最小距离（尺寸单位：mm）

条文说明

4 一般情况下，节点板要尽量避免接料，但随着桥梁跨度的不断增大，相应地节点板也随之增大，有的节点板其宽度超出了钢板的轧制宽度，在这种情况下就需要接料。本款规定焊缝错开的最小距离，主要是为了减小接料对节点强度的不利影响。

6.1.3 组装前应清除待焊接区的有害物，使其表面露出金属光泽。清除范围应符合图 6.1.3 的规定。

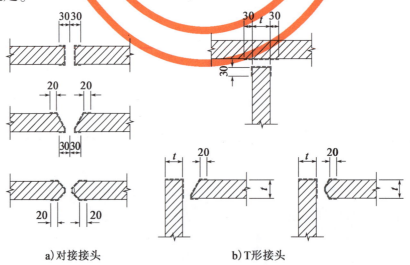

a) 对接接头　　　　　　b) T形接头

图 6.1.3 组装前的清除范围（尺寸单位：mm）

6.1.4 采用先孔法的构件，组装时应以孔定位；采用胎架组装时，每一孔群所用的定位冲钉不得少于2个，冲钉直径宜根据孔径、板厚确定。

6.2 组装

6.2.1 构件应在专用胎架或平台上进行组装，用于组装的胎架或平台应具有足够的强度、刚度和稳定性，并应满足支承、定位、固定和操作等工作的需要。U形肋与桥面板应采用自动定位或机械定位组装机进行组装。

条文说明

随着自动化水平的提高，板单元打磨、组装、定位和焊接已逐步采用自动化设备，U形肋与桥面板采用自动定位组装机进行组装有利于提高精度，保证工程质量。

6.2.2 当条件允许时，应在对接焊缝、全熔透或部分熔透T形接头的端部连接引板，引板的材质、厚度和坡口应与所焊的焊件相同。

条文说明

引板通常包括引弧板和熄弧板。除个别情况无法放引弧板外，埋弧焊一般均需要采用引板；有产品试板时，只要试板长度足够，则可以不加引板。当T形接头翼缘板较厚时，其翼缘板的引板可以适当减薄。

6.2.3 构件组装完成后，应按规定进行编号标识，并应做好记录，对其加以保护，防止损坏。

条文说明

标识通常包括构件编号等信息，记录则一般包括构件的相关信息及零件的件号、牌号、炉批号等信息，进行标识的目的是使构件易识别并具有可追溯性。

6.2.4 板单元组装尺寸的允许偏差应符合表6.2.4的规定。

表6.2.4 板单元组装尺寸允许偏差（mm）

序号	名　　称	允许偏差	简　图
1	U形肋组装间隙Δ	≤0.5	

续表 6.2.4

序号	名称			允许偏差
2	板肋组装间隙 Δ			≤1
3	板肋垂直度 f			≤1
4	顶板底板	U形肋与纵基线间距、U形肋间距 S_1	端部及横隔板处	±1
			其余部位	±2
5		横隔板接板间距 S_2	上下对接形式	±1
			其余形式	±2
6	横隔板、横梁、横肋与桥面板组装间隙 Δ			≤2
	横隔板与U形肋的组装间隙 Δ			≤2
7	腹板	加劲肋与纵基线间距、加劲肋中心距 S_1、S_2、S_3	端部及横隔板处	±1
			其余部位	±2
8	吊索锚固耳板	补强板组装间隙		≤0.5

6.2.5 钢箱梁节段组装时,应按设计或施工监控的要求设置预拱度;大型扁平钢箱梁组装时,宜在横桥向设置工艺拱度。

6.2.6 钢箱梁节段宜采用连续匹配法组装。胎架外应设置独立的测量控制网,测量时应避免日照的影响,轴线和主要定位尺寸应采用全站仪或更高精度的仪器进行测量。

6.2.7 钢箱梁节段在专用胎架上组装时,宜采用工艺板对其进行固定,但在能保证构件的组装精度及能有效地控制变形的前提下,应减少工艺板的数量。工艺板的焊接应符合定位焊的要求,解除工艺板时不得伤及母材,解除后应对工艺板定位焊的位置按工艺要求进行处理。

6.2.8 钢箱梁节段组装尺寸的允许偏差应符合表6.2.8的规定。

表6.2.8 钢箱梁节段组装尺寸允许偏差(mm)

序号	名称		允许偏差	简图
1	板单元拼接对接板错边 Δ		≤0.5 当 $t<25$ 时	
			≤1 当 $t≥25$ 时	
	平底板与斜底板对接错边量 Δ		≤1	
2	对接板间隙 a		≤2	
3	钢衬垫或陶质衬垫对接焊接接头组装①	α	±5°	
		Δ	≤0.5	
		S	+6,−2	
4	顶板、底板板单元定位偏差 Δ		≤2	板单元定位线与理论线的偏差
5	横隔板	垂直度 Δ	≤3	
		间距 S	±1 上下对接	
			±3 其他形式	
6	纵隔板间距		±2 拼接处	

续表6.2.8

序号	名称		允许偏差		简图
7	锚箱单元	承力板间距 S	+1.0		
8		承力板与锚垫板的垂直度	≤2		
9		锚垫板锚下承压板同心度	≤1		
10	斜拉索锚箱	承力板与承压板组装间隙	≤0.2		
11		锚箱位置 L_1、L_2	±1.5		
12		承力板角度 β	±0.1°		
13		对角线差 $|L_1-L_2|$	≤4	梁端横断面左、右吊点高低差	
14		吊点高度差 Δ	≤4		
15		纵桥向中心线偏差 Δ	≤2		
16		旁弯 f	$3+0.1L$，且≤10	腹板边与理论线的偏差	

注：① S 和 α 应根据焊接试验确定；当组装间隙超出允许偏差时，应有相应的焊接工艺评定。

条文说明

锚箱单元（表中序号7~9）是斜拉桥钢箱梁和钢塔、钢锚梁、钢锚箱的重要组成部分。

6.2.9 钢桁梁、钢板梁杆件组装尺寸的允许偏差应符合表6.2.9的规定。

表6.2.9 钢桁梁、钢板梁杆件组装尺寸允许偏差（mm）

序号	名称		允许偏差	简图
1	对接高低差 Δ_1	$t<25$	≤0.5	
		$t \geq 25$	≤1	
	对接间隙 Δ_2		≤1	
2	翼缘板中心与腹板中心线偏移 Δ		≤1	

续表6.2.9

序号	名称		允许偏差
3	组合角钢肢高低差 Δ	连接部位	≤0.5
		其余部位	≤1
4	翼缘板倾斜 Δ		≤0.5
5	组装间隙 Δ		≤1
6	钢桁梁斜杆、竖杆、横梁、纵梁、横肋、横联杆件	高度 H 拼接部位 插入式	0，-1.5[①]
		高度 H 拼接部位 对拼式	+1.5，0[①]
		高度 H 其余部位	±2
7		宽度 B 拼接部位	+1.5，0
		宽度 B 其余部位	±2
8		箱形构件对角线差 $|L_1 - L_2|$	≤2
9	整体节点节点板垂直度 Δ		≤1.5
10	宽度 B_1、B_2	节点板处 B_1	+2.5，+0.5
		接口处 B_2	+1.5，0
11	构件接头板组装尺寸 L_1		+1.5，0
12	高度 H、H_1、H_2		+1.5，0
13	箱形杆件横隔板间距		±2
14	加劲肋间距 S	拼接部位	±1
		其余部位	±2

续表 6.2.9

序号	名　称		允许偏差	简　图
15	锚箱承压板垂直度		≤0.1°	斜拉索轴线与锚箱承压板垂直度
16	锚箱锚管角度		≤0.1°	锚管轴线与弦杆纵轴线夹角
17	锚点位置		±2	锚点距相邻节点中心各向位置
18	整体节点内斜杆、竖杆接头板位置	与斜杆、竖杆中心线偏离Δ	≤0.5	
19		斜杆、竖杆接头板内距 B	+1，0	
20	钢板梁主梁高度	H≤2m	+2，0	
		H>2m	+4，0	
21	钢板梁纵梁、横梁、联结系构件高度 H		+1.5，0	
22	磨光顶紧	局部缝隙	≤0.2	

注：① 可根据坡口深度、焊脚尺寸及工艺方法调整。

6.2.10 钢桁梁节段组装尺寸的允许偏差应符合表 6.2.10 的规定，桥面板块中未表示的内容应符合表 6.2.4 的规定。

表 6.2.10　钢桁梁节段组装尺寸允许偏差（mm）

序号	名　称		允许偏差	简　图
1	主桁桁片	弦杆端部孔与节点中心距 L_0	+2，0	
2		节点中心距 L_1	+3，-1	
3		对角线差 $|L_2-L_3|$	≤3	
4		桁片平面外弯曲	≤4	注：检测点为杆件系统线与杆件极边孔中心线的交点

续表6.2.10

序号	名称		允许偏差		简图
5	横联桁片	节点间距 L_0、L_1	±2		
6		斜杆翼缘板接口横向错位	≤2		
7		桁片平面外弯曲	≤3		
8	桥面板块	横梁间距 S	±1	连接部位	
			±2	其余部位	
9		纵梁间距 S	±1	连接部位	
			±2	其余部位	
10		横梁、纵梁垂直度 Δ	≤1	连接部位	
			≤2	其余部位	
11		横梁平面对角线差 $\|L_1 - L_2\|$	≤3		

续表 6.2.10

序号		名　称	允许偏差		简　图
12	桁梁节段	平面对角线差 $|L_1-L_2|$	≤5	两桁之间	
13		纵梁至主桁距离 L_0	≤2	节段两端，下层桥面纵梁、结合段上层桥面纵梁腹板中心至主桁中心距离	
14		锚点间距 B	+5，-2	同一节点编号处锚点主桁间的横桥向距离	
15		端面对角线差 $|L_3-L_4|$	≤3	节段两端横断面	
16		横联高度 H	±5	上弦杆到横联水平撑杆的竖向距离	
17		桁片垂直度	≤3	上下弦杆中心线横向偏移	

条文说明

随着大跨度桥梁的发展，大节段钢桁梁整体制造安装的施工方式逐步增多，因此本条特别规定了钢桁梁主桁桁片、横联桁片、桥面板块，以及钢桁梁节段的相关内容。

6.2.11 钢塔节段及横梁组装尺寸的允许偏差应符合表 6.2.11 的规定，钢塔中的锚箱单元应符合表 6.2.8 的规定。

表 6.2.11　钢塔节段及横梁组装尺寸允许偏差（mm）

序号		名　称	允许偏差	简　图
1	块体钢塔节段横梁	端口对角线差 $|L_1-L_2|$	≤3	
2	横隔板	垂直度 Δ	≤2	
		间距 S	±2	

续表 6.2.11

序号	名　　称		允许偏差	简　图
3	钢塔节段旁弯		≤3	
4	壁板、腹板单元纵肋间距 S	端部及隔板处 栓接部位	±1	
		端部及隔板处 其余部位	±2	

条文说明

钢塔节段一般由若干板单元和块体组成。组装前需要熟悉施工图和工艺文件，组装时则需依据施工图和技术文件核对每个零件、部件，不允许使用未经检验或检验不合格的零、部件进行组焊。在钢塔节段组装过程中，一般通过基准线来控制每一个构件均处于允许的偏差范围内，以保证钢塔节段的整体尺寸精度。

6.2.12 钢锚梁、钢锚箱节段组装尺寸的允许偏差应符合表6.2.12的规定，钢锚梁、钢锚箱中的锚箱单元应符合表6.2.8的规定。

表 6.2.12　钢锚梁、钢锚箱节段组装尺寸允许偏差（mm）

序号	名　称	允许偏差	简　图
1	锚点坐标	±2	钢锚梁示意图
2	锚垫板角度 α, α'	±0.1°	钢锚箱示意图
3	β, β'	±0.1°	
4	加劲板间距 S_1、S_2	±3	

续表6.2.12

序号	名称	允许偏差	简图
5	钢锚箱拉板倾斜偏差	±2	
6	箱口对角线差	≤3	
7	旁弯	≤3	

6.2.13 钢箱拱拱肋组装尺寸的允许偏差应符合表6.2.13的规定，风撑、其他构件及未示部分应符合表6.2.9的规定。

表6.2.13 钢箱拱拱肋组装尺寸允许偏差（mm）

序号	名称	允许偏差	简图
1	对角线差 $\lvert L_1 - L_2 \rvert$	≤3	
2	箱形梁隔板间距	±3	
3	旁弯	≤3	
4	锚拉板孔中心、吊点隔板间距	±1	
5	吊杆锚箱中心线	±2	

6.2.14 钢管拱节段组装尺寸的允许偏差应符合表6.2.14的规定。钢管墩组装尺寸的允许偏差可按表6.2.14的规定执行。

表6.2.14 钢管拱节段组装尺寸允许偏差（mm）

序号	名称		允许偏差	简图
1	拱肋对接及拱肋哑铃形节段	对接管口错边量 Δ	≤2	
2		拱肋中心距 H	±4	
3		纵向对角线差 $\lvert \triangle L_1 - \triangle L_2 \rvert$	≤4	
4		拱肋腹杆间距、平联间距	±5	
5		拱肋旁弯（横向偏位） $L \leq 4\ 000$	≤2	
		$4\ 000 < L \leq 16\ 000$	≤3	
		$L > 16\ 000$	≤5	
6		拱肋腹板垂直度 Δ	≤1.5	
7		平面度 f	≤3	

注：$\triangle L_1$、$\triangle L_2$ 分别是 L_1、L_2 的理论值与实际值的差值

续表 6.2.14

序号	名称		允许偏差	简图
8	拱肋吊装节段	节段断面对角线	≤4	
9		高度方向偏差 Δ_1	≤$H/1000$	
10		宽度方向偏差 Δ_2	≤$B/1000$	

注：1. 钢管拱肋采用弧形钢管拼接时，每节弧形钢管的轴线不应出现 S 形。
2. 钢管拱肋采用分段直线代替曲线时，折点应在计入预拱度后的拱轴线上，由制作误差引起的钢管弯曲的方向应与拱轴的弯曲方向一致。

6.2.15 钢箱墩、钢盖梁组装尺寸的允许偏差应符合表 6.2.15 的规定。

表 6.2.15 钢箱墩、钢盖梁组装尺寸允许偏差（mm）

序号	名称	允许偏差	简图
1	对角线差 $\lvert D_1 - D_2 \rvert$	≤4	
2	隔板间距	±3	
3	旁弯	≤5	

6.3 检验

6.3.1 组装应符合本规范第 6.1 节和第 6.2 节的规定，并应符合下列规定：
   1 钢板接料应符合本规范第 6.1.2 条的规定。

检验方法：目视检查，用钢卷尺、拉力器、钢板尺检查。

2 组装前应按本规范第6.1.3条的规定对焊接区域进行处理。

检验方法：目视检查，用钢卷尺检查。

3 采用先孔法的构件，组装时应符合本规范第6.1.4条的规定。

检验方法：目视检查。

6.3.2 组装定位焊应符合本规范第7.2.7条的规定。

检验方法：目视检查，用钢卷尺、钢板尺、焊角检测器检查。

6.3.3 组装尺寸允许偏差宜符合本规范第6.2节的规定，并应符合下列规定：

1 钢箱梁节段组装尺寸的允许偏差应符合本规范第6.2.8条的规定。

检验方法：目视检查，用钢卷尺、拉力器、直角尺、钢板尺、塞尺检查。

2 钢桁梁、钢板梁杆件组装尺寸的允许偏差应符合本规范第6.2.9条的规定。

检验方法：目视检查，用钢卷尺、拉力器、直角尺、钢板尺、塞尺检查。

3 钢桁梁节段组装尺寸的允许偏差应符合本规范第6.2.10条的规定。

检验方法：目视检查，用钢卷尺、拉力器、直角尺、钢板尺、塞尺检查。

4 钢塔节段及横梁组装尺寸的允许偏差应符合本规范第6.2.11条的规定。

检验方法：目视检查，用钢卷尺、拉力器、直角尺、钢板尺、塞尺检查。

5 钢锚梁、钢锚箱节段组装尺寸的允许偏差应符合本规范第6.2.12条的规定。

检验方法：目视检查，用钢卷尺、拉力器、直角尺、钢板尺、塞尺检查。

6 钢箱拱拱肋组装尺寸的允许偏差应符合本规范第6.2.13条的规定。

检验方法：目视检查，用钢卷尺、拉力器、直角尺、钢板尺、塞尺检查。

7 钢管拱节段组装尺寸的允许偏差应符合本规范第6.2.14条的规定。钢管墩组装尺寸的允许偏差可按表6.2.14的规定进行控制。

检验方法：目视检查，用钢卷尺、拉力器、直角尺、钢板尺、塞尺检查。

8 钢盖梁、钢箱墩组装尺寸的允许偏差应符合本规范第6.2.15条的规定。

检验方法：目视检查，用钢卷尺、拉力器、直角尺、钢板尺检查。

7 焊接、焊接检验及矫正

7.1 一般规定

7.1.1 焊接前,应进行焊接工艺评定试验。焊接工艺评定应符合本规范附录 C 的规定。

条文说明

焊接工艺评定是保证钢结构焊接质量的前提。通过焊接工艺评定试验,可以选择合适的、与钢材相匹配的坡口形状及尺寸、焊接材料、接头形式和焊接方法,从而确定施焊条件和焊接工艺参数等,以保证焊接接头的力学性能达到设计要求。焊接工艺评定通常包括厂内制造和工地连接的所有焊接工艺试验。

7.1.2 焊接工艺文件应根据焊接工艺评定报告编制,并应在施焊时严格执行。

条文说明

焊接工艺评定报告是在试验后对各种焊接工艺参数组合条件的总结,是编制焊接工艺的依据。焊接工艺一旦确定,就不能随意更改,否则将难以保证焊接质量,因此要求在施焊过程中应严格执行。

7.1.3 焊接材料应通过焊接工艺评定确定。焊条、焊剂应按产品说明书的要求烘干使用,烘干后的焊接材料应随用随取,当从烘干箱取出的焊接材料超过 4h 时,应重新烘干后使用;焊剂在现场宜采用保温桶存储,焊剂中的脏物、焊丝上的油锈等应清除干净;所使用的 CO_2 气体的纯度应不低于 99.5%,氩气的纯度应不低于 99.95%。

条文说明

由于焊接材料行业的发展较快,新材料不断出现,同时钢结构桥梁所用的钢材牌号也在增多,为保证钢材与焊接材料的匹配,就需要通过工艺评定来确定焊接材料。采用混合气体时,对其他气体的纯度,通常也有必要进行控制以满足相应要求。

7.1.4 焊接宜采用自动焊或半自动焊,焊接时应控制焊接变形。

条文说明

虽然条文规定焊接宜采用自动焊或半自动焊，但并不排除在某些无法用自动焊或半自动焊的部位采用手工焊的方式进行焊接。

焊接变形一般指焊接过程中被焊工件受到不均匀温度场的作用而产生的形状、尺寸变化，包括缩短、角度改变、弯曲变形等。由于焊接变形对构件的制造精度有较大影响，不仅难以保证安装精度，过大的变形还将显著降低结构的承载能力，因此需要在焊接过程中对变形加以控制。减小变形的主要方法有：选择合理的焊接顺序、尽可能对称焊接、采用反变形法、利用工（卡）具刚性固定等。在实际施工中，常用的控制措施有：①各节段的同类焊缝采用统一的焊接方法、焊缝断面、焊道数量、焊接参数、施焊顺序和施焊方向；②采取预变形等措施，减少焊接过程中的变形；③采取外约束和内约束等措施，减少焊接的变形量。

7.1.5 对封闭式的钢箱梁，焊接前可在适当的位置设置临时人孔、临时通风孔，但开孔的大小和位置应经设计单位认可。

7.1.6 对焊缝的检验应包括外观检查、无损检测和产品试板检验。无损检测宜采用超声波、射线、磁粉及渗透等方法进行。

条文说明

超声波（UT）、射线（RT）、磁粉（MT）和渗透（PT）等是目前钢结构制造中检验焊缝的常规无损检测方法，超声波和射线主要用于探测焊缝的内部缺陷。由于超声波的操作较为简单、快速，对焊缝的裂纹和未熔合处的检测灵敏度较高，且对检测环境无过高要求，因此通常作为无损检测中最主要的手段。对构造复杂或厚板构件的焊缝，采用超声波等常规方法进行无损检测时其准确性要差一些，因此相控阵和超声波衍射时差法（TOFD）已在一些工程中开始得到应用，相控阵检测方法对构造复杂构件的焊缝有其独特的优势；对厚板构件的焊缝，TOFD 检测方法则更为有效。由于这两种检测方法尚无相应的国家标准和公路行业标准，本规范暂未将其列入，为促进钢结构桥梁制造中无损检测的技术发展，具备条件的单位可以考虑将其作为一种辅助的技术手段进行无损检测，但在采用这两种检测技术时，需参照相关行业的标准。

7.2 焊接

7.2.1 焊接工作宜在室内进行，施焊时的环境湿度应小于80%；环境温度宜不低于5℃，低于5℃仍要进行焊接作业时，应采取焊前预热、保温和焊后缓冷等工艺措施，并应通过专项试验确定相应的焊接工艺参数。焊接宜在构件组装后24h内完成。

条文说明

规定要在室内及在条文规定的环境条件下进行焊接，正常情况下是可以做到的，这样做焊接质量比较容易得到保证；焊接施工的环境温度低于条文规定的温度时，通常需要停止焊接作业，采取必要措施使之符合要求后再进行作业。以往的焊接试验证明，当焊接施工的环境温度低于条文规定的温度时，对焊接接头采取焊前预热、保温和焊后缓冷等措施，并采用合理的焊接工艺参数，也能满足焊接接头的性能和质量要求，这是因为焊前预热能使焊接时的温度满足要求，焊后缓冷则能降低焊接接头的冷却速度，防止接头产生淬火组织，从而防止产生裂纹。因此，如果由于某种原因一定要在低于5℃时进行焊接作业，就需要在焊前根据母材的材质、板厚、接头的特点和具体的环境温度进行焊接工艺的专项试验，并通过研究来确定相应的焊接工艺参数。

在构件组装后24h内完成焊接能防止焊缝坡口锈蚀，保证焊接质量。

7.2.2 在室外焊接时，除应满足本规范第7.2.1条的规定外，尚应采取必要的防风和防雨措施；在大风、大雨、降雪、严寒等恶劣气候条件下，严禁在室外进行焊接作业。室外焊接宜在构件组装后12h内完成。

7.2.3 焊接前应彻底清除待焊（包括定位焊）区域内的有害物；焊接时严禁在母材的非焊接部位引弧，焊接后应清理焊缝表面的熔渣及两侧的飞溅物。

条文说明

在焊接前彻底清除待焊区域内的有害物，主要是为了保证焊接质量，避免由于污物导致焊接缺陷的可能性。因为虽然在组装前已进行了清理，但在焊接区仍有可能存在油、浮锈、水、灰尘、熔渣飞溅及焊瘤、焊根等影响焊接质量的有害物，所以在焊接前需要进行再次清除。

7.2.4 焊接前应检查并确认所使用的设备、工具和仪表状态良好，齐全可靠。

条文说明

焊接的设备、工具和仪表等是焊接质量的硬件保障，其工作状态是否正常，会直接影响焊接质量的优劣，因此作此规定。

7.2.5 焊前预热温度应通过焊接工艺评定试验确定；预热范围宜为焊缝两侧1.5倍板厚且不小于100mm，并应在距焊缝30~50mm范围内测温。焊工施焊时应做焊接记录，记录的内容宜包括构件号、焊缝部位、焊缝编号、焊接参数、操作者和焊接日期等。

条文说明

预热一般包括组装定位焊、返修焊及所有焊缝的焊前预热。有条件时也可以在预热工件的反面进行测温。

7.2.6 多层焊接时应连续施焊，且应控制层间温度。每一层焊缝焊完后应及时清理检查，在清除药皮、熔渣、溢流和其他缺陷后，方可施焊下一层。

7.2.7 定位焊的焊接应符合下列规定：

1 所采用焊接材料的型号应与母材相匹配。施焊前应按施工图及工艺文件检查坡口尺寸、根部间隙等，不符合要求时应处理改正。

2 定位焊焊缝距设计焊缝端部应不小于30mm，其长度宜为50～100mm，间距宜为400～600mm。当板厚小于8mm或大于50mm时，可调整定位焊间距。定位焊焊缝的焊脚尺寸宜不大于设计焊脚尺寸的1/2，且不小于4mm。

3 定位焊焊缝不得有裂纹、夹渣、焊瘤等缺陷，弧坑应填满；对开裂的定位焊焊缝，应先查明原因，然后再清除开裂的焊缝，并应在保证构件尺寸正确的条件下补充定位焊。

4 在焊缝交叉处和焊缝方向急剧变化处不应进行定位焊，焊缝的起弧点应避开焊缝相交处或转角处50mm以上。

条文说明

定位焊的焊接难度较大，容易出现各种焊接缺陷，因此条文对坡口尺寸、焊接材料、定位焊的位置和长度等均有较严格的规定。定位焊的焊缝长度和间距通常根据构件的构造特点来确定，一般情况下，对厚板或长大构件，要求适当增加焊缝的长度，缩短其间距；对薄板，则需要适当减少焊缝的长度并缩短其间距。

定位焊时，预热温度和道间温度通常根据钢材的化学成分、接头的拘束状态、热输入大小、熔敷金属含氢量水平及所采用的焊接方法等综合因素确定或进行焊接试验。焊接过程中，最低道间温度一般不低于预热温度，最高道间温度一般不超过230℃。

7.2.8 埋弧焊应在距设计焊缝端部80mm以外的引板上引、熄弧，手工焊、气体保护焊应在距设计焊缝端部30mm以外的引板上引、熄弧。引板的坡口和板厚应与母材相同。

条文说明

由于焊接的起始点和终止点处的焊接条件变化较大，焊接处于非稳定状态，出现焊接缺陷的概率增大。为了保证获得完好的焊缝，对接焊缝在施焊时，通常需要将引、熄弧引出正式焊缝以外,以防止焊接缺陷出现在焊缝的端部。引板的长度一般不小于 80mm。

7.2.9 U 形肋与顶板、底板之间的焊接应采用自动化或半自动化焊接设备。在施焊过程中,应保证焊接的连续性。

条文说明

正交异性钢桥面板中的 U 形肋与顶板、底板之间的焊接,主要有单侧部分熔透焊、双侧部分熔透焊和全熔透焊等几种形式,目前多采用专用的自动化生产线进行组装和焊接。为更好地提高钢结构桥梁制造的数字化、自动化和信息化水平,推广应用先进技术、工艺和设备,提高制造质量,采用自动化或半自动化焊接设备是有必要的。

7.2.10 钢管拱弦杆与腹杆的连接焊缝,应沿相贯线全周连续焊接,并应按图 7.2.10 从趾部的全熔透角焊缝匀顺过渡到鞍部的部分熔透焊缝和跟部的角焊缝。当相贯线钢管所成角度小于 60°时,跟部侧 1/4 长焊缝宜采用单侧坡口,并由鞍部的坡口焊缝过渡至根部的角焊缝,其余 3/4 长焊缝宜为全熔透焊缝。

图 7.2.10 钢管相贯线焊接示意

7.2.11 圆柱头焊钉的焊接应符合下列规定:
1 圆柱头焊钉的焊接应按本规范附录 D 的规定进行焊接工艺评定,其焊接的工艺参数应根据焊接工艺评定的结果确定。
2 圆柱头焊钉应采用专用焊接设备平位施焊,焊接前应检查所用的焊接设备和工具,保证其能正常工作。焊接过程中,在焊缝金属完全凝固前不得移动焊枪。
3 焊接工作应由经过圆柱头焊钉焊接培训并考试合格的焊工担任。
4 瓷环应按产品的规定烘干使用。
5 焊接前应清除圆柱头焊钉头部及钢板待焊部位(大于 2 倍圆柱头焊钉直径)的铁锈、氧化皮、油污和水分等有害物,使钢板表面显露出金属光泽。

6 每工班开始生产前或更改焊接条件时，应按规定的焊接工艺试焊 2 个圆柱头焊钉，进行外观和弯曲 30°角检验，检验合格后方可进行正式焊接；若检验不合格，应分析原因，调整工艺重新施焊，直至合格。

7 对某些特殊部位，当采用手工电弧焊方法焊接时，圆柱头焊钉焊接接头的最小焊脚尺寸应符合表 7.2.11 的规定。

表 7.2.11 采用电弧焊的圆柱头焊钉焊接接头最小焊脚尺寸（mm）

序 号	圆柱头焊钉直径	角焊缝最小焊脚尺寸
1	10、13	6
2	16、19、22	8
3	25	10

7.2.12 焊缝的修磨和返修焊应符合下列规定：

1 焊接完成后，应将焊缝两端设置的引板、产品试板或工艺板等采用气割方式切除，并磨平切口；切割和磨平时不得损伤母材。

2 工艺板应在距母材 3mm 以上进行切割。切割后应将附着在母材上的部分打磨平顺。

3 对焊脚尺寸、焊波或余高等超出本规范表 7.3.1 规定上限值的焊缝，应修磨匀顺。所有主要焊缝表面的修磨均应沿主要受力方向进行，且应使磨痕平行于主要受力方向。

4 焊缝不超差的咬边应修磨匀顺；咬边超差或焊脚尺寸不足时，可采用手工电弧焊或 CO_2 气体保护焊进行返修焊。

5 对焊缝的缺陷，应采用碳弧气刨或其他机械方法进行清除，焊缝裂纹的清除长度应由裂纹端各外延 50mm。在清除缺陷时，应刨出利于返修焊的坡口，并应采用砂轮磨除坡口表面的氧化皮，露出金属光泽。

6 返修焊采用直径大于或等于 2mm 的焊丝时，应将焊缝清除部位的两端刨成 1:10 的斜面；采用直径小于 2mm 的焊丝时，应将焊缝清除部位的两端刨成 1:5 的斜面。搭接 50mm 再引弧施焊，焊后搭接处应修磨匀顺。

7 缺焊焊缝长度超过周长的 1/4 或因其他指标而不合格的圆柱头焊钉，应将其切除，予以更换并重新进行焊接；切除时应不伤及母材，切除后的部位应打磨平整，并应重新施焊，使其达到合格的焊接质量。缺焊长度未超过周长的 1/4 时可采用小直径低氢焊条进行手工焊补焊，补焊时应预热 50~80℃ 或满足手工焊要求的预热温度，并应从缺焊焊缝端部 10mm 外引、熄弧，焊脚尺寸应不小于 6mm。

8 返修焊缝应按原焊缝的质量要求进行检验，同一部位的返修焊不宜超过两次；超过时应查明原因，并制定返修工艺措施。

9 焊缝缺陷的修补方法应符合本规范附录 B 的规定。

条文说明

1 工艺板是指由于工艺的需要，用于临时固定构件而专门制作的钢板。

8 焊缝多次返修会影响焊缝的整体质量，因此要求"同一部位的返修焊不宜超过两次"。但有时可能会因某些特殊原因使焊缝的返修超过两次，当有这种情况时，就需要进一步查清楚产生的原因，制定返修工艺措施是为了保证返修焊能达到规定的质量要求。

7.2.13 产品试板应符合下列规定：

1 应按表7.2.13规定的焊缝类型确定产品试板的数量；接头数量少于表中数量时，也应做一组产品试板。

2 产品试板的材质、厚度、轧制方向及坡口应与所焊对接板材相同。对不等厚板的产品试板，可利用薄板进行等厚对接试验。

3 制作产品试板时，应在焊缝端部加装试板；当焊缝端部不具备加装试板条件时可单独施焊，但应采用与构件焊接相同的工艺和设备，并应在同一地点施焊。

4 产品试板制作完成后，应先对供取样用的焊接试板做出标记，并记录所在产品部位，再进行切割、送检。

5 产品试板焊缝的外观应符合表7.3.1的规定，并应按Ⅰ级对接焊缝要求进行超声波检测。

6 产品试板的焊缝经外观和无损检测合格后，应进行接头拉伸、侧弯和焊缝金属低温冲击试验，试样数量和试验结果应符合本规范附录C的规定。

7 产品试板的试验结果不合格时，可在原试板上重新取样再做试验；如试验结果仍不合格，则应先查明原因，然后对该试板代表的接头进行处理，并重新进行检验。

表7.2.13 产品试板数量

序　号	焊　缝　类　型	接　头　数　量	产品试板数量
1	横向对接焊缝	30条	1组
2	桥面板单元横向对接焊缝	10条	1组
3	桥面板单元纵向对接焊缝	30条	1组
4	全断面对接焊缝 （横向多箱多幅按1个全断面计算）	10个断面	平、立、仰焊缝各1组

条文说明

产品试板是实际焊接时与产品同条件制作的检测试件，其作用是检验试板所代表的焊接接头的力学性能，并验证生产条件下材料、工艺及焊工技能的稳定性和可靠性，以保证焊接质量。当制造过程中的焊接质量保持稳定时，一般可以视实际情况适量酌减产品试板的数量。

2 由于产品试板的低温冲击试验仅针对焊缝金属，因此当产品为不等厚对接时，产品试板允许用较薄的等厚对接代替不等厚对接。

7 产品试板试验结果不合格需处理和重新检验时，一般有两种情况：如果是共性问题，需要对其代表的所有焊缝作同样处理；如果是由个性原因造成的，则仅需对与试板同时焊接的焊缝进行处理。

7.3 焊接检验

7.3.1 焊接完毕且待焊缝冷却至室温后，应对所有焊缝进行全长范围内的外观检查，焊缝不得有裂纹、未熔合、夹渣、未填满弧坑、焊瘤等，以及超出表7.3.1的缺陷。

表7.3.1 焊缝外观质量标准（mm）

序号	名称	焊缝种类	质量标准		简图
1	气孔	横向对接焊缝	不允许		
		纵向对接焊缝、主要角焊缝	直径小于1	每米不多于3个，间距≥20	
		其余焊缝	直径小于1.5		
2	咬边	受拉构件横向对接焊缝、桥面板与弦杆角焊缝、横梁接头板与弦杆角焊缝、桥面板与U形肋角焊缝（桥面板侧）、竖向加劲肋角焊缝（腹板侧受拉区）	不允许		
		受压构件横向对接焊缝及竖向加劲肋角焊缝（腹板侧受压区）	≤0.3		
		纵向对接焊缝、主要角焊缝	≤0.5		
		其余焊缝	≤1		
3	焊脚尺寸	主要角焊缝K	+2，0		
		其余角焊缝K	+2，0 手工焊角焊缝全长的10%允许 +3，-1		
4	焊波	对接焊缝和角焊缝	≤2（任意25mm范围高低差）		
5	余高	不铲磨余高的对接焊缝	≤2	焊缝宽度b≤20	
			≤3[①]	焊缝宽度b>20	

续表 7.3.1

序号	名称	焊缝种类	质量标准	简图
6	余高铲磨后的表面	横向对接焊缝（桥面板除外）	$\Delta_1 \leq 0.5$ $\Delta_2 \leq 0.3$ 粗糙度 50μm	
7	有效厚度	T形角焊缝②	凸面角焊缝有效厚度应不大于规定值 2mm，凹面角焊缝应不小于规定值 0.3mm	

注：①钢箱梁桥面板顶面在相应行车道处的焊缝余高宜不大于 2mm，超过时宜进行打磨。
②对不开坡口的角焊缝，当采用船位埋弧自动焊时，焊缝的有效厚度（喉厚）允许比规定值小 1mm。

条文说明

钢箱梁桥面板顶面在相应行车道处的焊缝余高过大时，将会直接影响桥面铺装的质量，因此需要更严格一些。对 T 形角焊缝有效厚度的具体要求，参照的是对接焊缝余高的规定。

7.3.2 圆柱头焊钉的焊缝检验应符合下列规定：

1 圆柱头焊钉焊接完成后，应及时敲除焊钉周围的瓷环，并应进行外观检验。应保证焊钉底角在 360°周边挤出焊脚，焊缝应饱满，无气孔、夹渣、裂纹等缺陷；咬边深度应不大于 0.5mm，且最大长度应不大于一倍的焊钉直径。

2 焊缝外观检验合格后，应随机抽取各部位圆柱头焊钉总数的 1% 进行 30°弯曲检验，弯曲后圆柱头焊钉的焊缝和热影响区不应有肉眼可见的裂纹，检验合格的圆柱头焊钉可保留其弯曲状态；不合格时应加倍取样进行检验。

7.3.3 焊缝经外观检测合格后方可进行无损检测。无损检测应在焊接完成 24h 后进行。

7.3.4 焊缝无损检测的质量等级应符合现行《钢的弧焊接头 缺陷质量分级指南》（GB/T 19418）的规定。

7.3.5 焊缝无损检测的检测等级和验收等级应符合下列规定：

1 超声波检测等级和验收等级应符合现行《焊缝无损检测 超声检测 技术、检测等级和评定》（GB/T 11345）和《焊缝无损检测 超声检测 验收等级》（GB/T 29712）的规定，距离-波幅曲线灵敏度及缺陷等级评定应符合本规范附录 E 的规定。质量等级、检测等级和验收等级的对应关系应符合表 7.3.5-1 的规定。

2 射线检测等级和验收等级应符合现行《焊缝无损检测 射线检测 第 1 部分：X 和伽玛射线的胶片技术》（GB/T 3323.1）和《焊缝无损检测 射线检测验收等级 第 1 部分：钢、镍、钛及其合金》（GB/T 37910.1）的规定，缺陷评定应符合本规范附录 F 的规定。质量等级、检测等级和验收等级的对应关系应符合表 7.3.5-2 的规定。

3 要求进行射线检测板厚大于 30mm（不等厚对接时，按薄板计）的对接焊缝，宜采用检测等级为 C 级、验收等级为 2 级的超声检测代替 X 射线检测，此时焊缝余高应磨平，使用的探头折射角应有一个为 45°，检测范围应为焊缝两端各 500mm。焊缝长度大于 1 500mm 时，中部应加探 500mm；焊缝长度小于 1 000mm 时，应对焊缝的全长进行超声检测。

4 磁粉检测等级和验收等级应符合现行《焊缝无损检测 磁粉检测》（GB/T 26951）和《焊缝无损检测 焊缝磁粉检测 验收等级》（GB/T 26952）的规定。

表 7.3.5-1 超声检测质量等级、检测等级和验收等级的关系

序号	按 GB/T 19418 的质量等级	按 GB/T 11345 的检测等级[①]	按 GB/T 29712 的验收等级
1	B	至少 B	2
2	C	至少 A	3
3	D	至少 A	3[②]

注：① 当需要评定显示特征时，应按 GB/T 29711 评定。
② 不推荐做超声波检测，但可在规范中规定后使用（与 C 级焊缝质量要求一致）。

表 7.3.5-2 射线检测质量等级、检测等级和验收等级的关系

序号	按 GB/T 19418 的质量等级	按 GB/T 3323.1 的检测等级	按 GB/T 37910.1 的验收等级
1	B	B	1
2	C	B[①]	2
3	D	A	3

注：① 环焊缝检测最少曝光次数按 GB/T 3323.1 的 A 级要求执行。

条文说明

在常规的无损检测中，超声波和射线检测方法主要用于探测被检物体的内部缺陷。射线检测的成本高、操作复杂、检测周期长、裂纹和未熔合等危害性缺陷的检出率较低，且因有辐射污染，对检测的周边环境有特殊的人员防护要求；超声波检测则具有操作简单、快速、对裂纹和未熔合的检测灵敏度高，以及对检测环境无过高要求等优点，而且这两种检测方法的上述特点在透照厚度越大时表现得越明显。但射线检测也有其独特的优势，能较直观地显示工件内部缺陷的大小和形状，因而易于判定缺陷的性质，且对薄壁工件无损检测的灵敏度较高，射线照相的底片还能作为检测的原始记录供多方研究并作长期保存。

常用的射线有 X 射线和 γ 射线两种。X 射线和 γ 射线能不同程度地透过金属材料，对照相胶片产生感光作用。利用这种性能，当射线通过被检查的焊缝时，因焊缝缺陷对射线的吸收能力不同，使射线落在胶片上的强度不一样，胶片感光程度也不一样，这样

就能准确、可靠、非破坏性地显示缺陷的形状、位置和大小。

X射线透照时间短、速度快，检查厚度小于30mm时，显示缺陷的灵敏度高，但设备复杂、费用大，穿透能力比γ射线小。

γ射线能透照300mm厚的钢板，透照时不需要电源，方便野外工作，用于环缝时可一次曝光，但透照时间长，一般不能用于小于50mm构件的透照。

现行《钢结构工程施工质量验收规范》（GB 50205）规定，设计要求全熔透的一、二级焊缝采用超声波进行内部缺陷的检测，超声检测不能对缺陷做出判断时才采用射线检测；德国铁路钢桥附加技术条件 *Eisenbahnbrücken Zusatzliche Anforderungen für Stahlbrücken* 804.4101规定，母材板厚大于或等于30mm的对接焊缝可以采用超声波检测代替射线检测。

7.3.6 钢箱梁焊缝无损检测的质量分级、检测方法、检测部位和等级应符合表7.3.6的规定。

表7.3.6 钢箱梁焊缝无损检测质量等级及检测范围

序号	焊缝部位	质量等级	检测方法	检测比例（接头数量）	检测标准/级别	验收标准/级别	检测范围
1	顶板、底板、腹板横向对接焊缝	B级	超声	100%	GB/T 11345 B级	GB/T 29712 2级	焊缝全长
			X射线	5%	GB/T 3323.1 B级	GB/T 37910.1 1级	焊缝两端各250~300mm（横向对接焊缝长度大于6 000mm时，中部加探250~300mm）
2	顶板、底板、腹板纵向对接焊缝	B级	超声	100%	GB/T 11345 B级	GB/T 29712 2级/3级	端部1m范围为2级，其余部位为3级
			X射线	5%	GB/T 3323.1 B级	GB/T37910.1 1级/2级	顶板焊缝两端、中间250~300mm；底板、腹板焊缝两端各250~300mm；两端1级，中间2级
3	梁段间对接焊缝（环焊缝）	B级	超声	100%	GB/T 11345 B级	GB/T 29712 2级	焊缝全长
			X射线	顶板100% 底板10%	GB/T 3323.1 B级	GB/T 37910.1 1级	十字交叉处焊缝横纵向各250~300mm
4	横隔板、纵隔板立位对接焊缝	B级	超声	100%	GB/T 11345 B级	GB/T 29712 2级	焊缝全长

续表 7.3.6

序号	焊缝部位	质量等级	检测方法	检测比例（接头数量）	执行标准 检测标准/级别	执行标准 验收标准/级别	检测范围
5	横隔板、纵隔板横位对接焊缝	B级	超声	100%	GB/T 11345 B级	GB/T 29712 2级	焊缝两端各1m
6	T形接头和角接接头熔透角焊缝	B级	超声	100%	GB/T 11345 B级	GB/T 29712 2级	焊缝全长
7	腹板与风嘴顶板、斜底板间熔透角焊缝	B级	超声	100%	GB/T 11345 B级	GB/T 29712 2级	焊缝全长
8	连接锚箱或吊耳板的熔透角焊缝	B级	超声	100%	GB/T 11345 B级	GB/T 29712 2级	焊缝全长
8	连接锚箱或吊耳板的熔透角焊缝	B级	磁粉	100%	GB/T 26951	GB/T 26952 2X级	焊缝全长
9	吊索耳板与贴板外侧角焊缝	C级	磁粉	100%	GB/T 26951	GB/T 26952 2X级	焊缝全长
10	锚拉板与顶板熔透角焊缝	B级	超声	100%	GB/T 11345 B级	GB/T 29712 2级	焊缝全长
10	锚拉板与顶板熔透角焊缝	B级	磁粉	100%	GB/T 26951	GB/T 26952 2X级	焊缝全长
11	非支座横隔板与顶板、底板间角焊缝	C级	磁粉	100%	GB/T 26951	GB/T 26952 2X级	两端各1m
12	非支座横隔板与腹板间角焊缝	C级	磁粉	100%	GB/T 26951	GB/T 26952 2X级	焊缝全长
13	支座横隔板与顶板、底板、腹板间坡口角焊缝	C级	超声	100%	GB/T 11345 B级	GB/T 29712 3级	焊缝全长
13	支座横隔板与顶板、底板、腹板间坡口角焊缝	C级	磁粉	100%	GB/T 26951	GB/T 26952 2X级	焊缝全长
14	纵隔板与顶板、底板、横隔板间坡口角焊缝	C级	磁粉	100%	GB/T 26951	GB/T 26952 2X级	焊缝两端各500mm
15	U形肋与顶板坡口角焊缝①	B级	超声	20%	GB/T 11345 B级	GB/T 29712 2级	熔透角焊缝两端各1m
15	U形肋与顶板坡口角焊缝①	B级	磁粉	100%	GB/T 26951	GB/T 26952 2X级	焊缝两端各1m

续表 7.3.6

序号	焊缝部位	质量等级	检测方法	检测比例（接头数量）	执行标准 检测标准/级别	执行标准 验收标准/级别	检测范围
16	U形肋与底板坡口角焊缝	C级	磁粉	100%	GB/T 26951	GB/T 26952 2X级	焊缝两端各1m
17	U形肋、板肋嵌补段对接焊缝及角焊缝	C级	磁粉	100%	GB/T 26951	GB/T 26952 2X级	焊缝全长
18	拆除临时连接件（含工艺板）的部位	C级	磁粉	100%	GB/T 26951	GB/T 26952 2X级	拆除临时连接的部位
19	焊接试板	B级	超声	100%	GB/T 11345 B级	GB/T 29712 2级	焊缝全长

注：①U形肋与顶板熔透角焊缝，超声检测的比例和检测范围可根据焊接设备的自动化水平和稳定性适当调整。
　　序号15一栏中的超声检测仅用于U形肋与顶板熔透角焊缝。

7.3.7 钢桁梁、钢板梁焊缝无损检测的质量分级、检测方法、检测部位和等级应符合表7.3.7的规定。

表 7.3.7　钢桁梁、钢板梁焊缝无损检测等级及检测范围

序号	焊缝部位	质量等级	检测方法	检测比例（接头数量）	执行标准 检测标准/级别	执行标准 验收标准/级别	检测范围
1	主要杆件受拉横向、纵向对接焊缝	B级	超声	100%	GB/T 11345 B级	GB/T 29712 2级	焊缝全长
1	主要杆件受拉横向、纵向对接焊缝	B级	X射线	10%	GB/T 3323.1 B级	GB/T 37910.1 1级	焊缝两端各250~300mm，焊缝长度大于6000mm时，中部加探250~300mm
2	主要杆件受压横向对接焊缝	B级	超声	100%	GB/T 11345 B级	GB/T 29712 2级	焊缝全长
3	主要杆件受压纵向对接焊缝	B级	超声	100%	GB/T 11345 B级	GB/T 29712 2级	两端各1m
4	熔透角焊缝	B级	超声	100%	GB/T 11345 B级	GB/T 29712 2级	焊缝全长
5	接头板处T型部分熔透角焊缝①	C级	超声	100%	GB/T 11345 B级	GB/T 29712 2级	焊缝全长

续表 7.3.7

序号	焊缝部位	质量等级	检测方法	检测比例（接头数量）	执行标准 检测标准/级别	执行标准 验收标准/级别	检测范围
6	主要杆件棱角焊缝和T形焊缝	C级	超声	100%	GB/T 11345 B级	GB/T 29712 3级	两端各1m
7	U形肋与顶板坡口角焊缝②	B级	超声	20%	GB/T 11345 B级	GB/T 29712 2级	熔透角焊缝两端各1 000mm
7	U形肋与顶板坡口角焊缝②	B级	磁粉	100%	GB/T 26951	GB/T 26952 2X级	焊缝两端各1 000mm
8	工地环缝对接焊	B级	超声	100%	GB/T 11345 B级	GB/T 29712 2级	焊缝全长
9	角焊缝	C级	磁粉	100%	GB/T 26951	GB/T 26952 2X级	两端螺栓孔部位并延长500mm，钢板梁主梁、箱梁及纵、横梁跨中加探1 000mm
10	产品试板	B级	超声	100%	GB/T 11345 B级	GB/T 29712 2级	焊缝全长
11	拆除工艺板的部位	C级	磁粉	100%	GB/T 26951	GB/T 26952 2X级	拆除工艺板的部位

注：①接头板检测范围不包括圆弧区范围。
②U形肋与顶板熔透角焊缝，超声检测的比例和检测范围可根据焊接设备的自动化水平和稳定性在此基础上适当调整。序号7一栏中的超声检测仅用于U形肋与顶板熔透角焊缝。

7.3.8 钢塔焊缝无损检测的质量分级、检测方法、检测部位和等级应符合表7.3.8的规定。

表 7.3.8 钢塔焊缝无损检测质量等级及检测范围

序号	焊缝部位	质量等级	检测方法	检测比例（接头数量）	执行标准 检测标准/级别	执行标准 验收标准/级别	检测范围
1	壁板、腹板纵向对接焊缝	B级	超声	100%	GB/T 11345 B级	GB/T 29712 2级	焊缝全长
2	壁板、腹板横向对接焊缝	B级	超声	100%	GB/T 11345 B级	GB/T 29712 2级	焊缝全长
2	壁板、腹板横向对接焊缝	B级	X射线	10%	GB/T 3323.1 B级	GB/T 37910.1 1级	两端各250~300mm

续表 7.3.8

序号	焊缝部位	质量等级	检测方法	检测比例（接头数量）	执行标准 检测标准/级别	执行标准 验收标准/级别	检测范围
3	钢塔节段棱角坡口焊缝	C级	超声	100%	GB 11345 B级	GB/T 29712 3级	两端各1m
3	钢塔节段棱角坡口焊缝	C级	磁粉	100%	GB/T 26951	GB/T 26952 2X级	
4	钢塔节段间壁板、曲臂节段间壁板对接焊缝	B级	超声	100%	GB/T 11345 B级	GB/T 29712 2级	焊缝全长
5	钢塔节段锚箱传力板熔透角焊缝	B级	超声	100%	GB 11345 B级	GB/T 29712 2级	焊缝全长
5	钢塔节段锚箱传力板熔透角焊缝	B级	磁粉	100%	GB/T 26951	GB/T 26952 2X级	焊缝全长
6	钢塔节段腹板与壁板间部分熔透坡口焊缝	B级	超声	100%	GB/T 11345 B级	GB/T 29712 2级	焊缝全长
7	曲臂壁板间部分熔透坡口焊缝	B级	超声	100%	GB/T 11345 B级	GB/T 29712 2级	两端各1m
8	钢塔节段锚箱熔透角焊缝	B级	超声	100%	GB/T 11345 B级	GB/T 29712 2级	焊缝全长
8	钢塔节段锚箱熔透角焊缝	B级	磁粉	100%	GB/T 26951	GB/T 26952 2X级	焊缝全长
9	钢塔节段间翼板、腹板横向对接焊缝	B级	超声	100%	GB/T 11345 B级	GB/T 29712 2级	焊缝全长
10	钢塔节段与曲臂间联系杆间熔透角焊缝	B级	超声	100%	GB/T 11345 B级	GB/T 29712 2级	焊缝全长
10	钢塔节段与曲臂间联系杆间熔透角焊缝	B级	磁粉	100%	GB/T 26951	GB/T 26952 2X级	焊缝全长
11	钢塔节段、曲臂纵肋嵌补对接焊缝	B级	超声	100%	GB/T 11345 B级	GB/T 29712 2级	焊缝全长

续表 7.3.8

序号	焊缝部位	质量等级	检测方法	检测比例（接头数量）	执行标准 检测标准/级别	执行标准 验收标准/级别	检测范围
12	隔板与壁板角焊缝	C级	磁粉	10%	GB/T 26951	GB/T 26952 2X级	焊缝全长
13	连系梁对接隔板处角焊缝	C级	磁粉	100%	GB/T 26951	GB/T 26952 2X级	焊缝全长
14	产品试板	B级	超声	100%	GB/T 11345 B级	GB/T 29712 2级	焊缝全长
15	其他结构熔透角焊缝	C级	超声	100%	GB/T 11345 A级	GB/T 29712 3级	焊缝全长

7.3.9 钢锚梁、钢锚箱焊缝无损检测的质量分级、检测方法、检测部位和等级应符合表7.3.9的规定。

表7.3.9 钢锚梁、钢锚箱焊缝无损检测质量等级及检测范围

序号	焊缝部位		质量等级	检测方法	检测比例（接头数量）	执行标准 检测标准/级别	执行标准 验收标准/级别	检测范围
1	钢锚梁	拉板与锚下承压板间熔透角焊缝	B级	超声	100%	GB/T 11345 B级	GB/T 29712 2级	焊缝全长
				磁粉	100%	GB/T 26951	GB/T 26952 2X级	焊缝全长
2		牛腿托架板与壁板间的熔透角焊缝	B级	超声	100%	GB/T 11345 B级	GB/T 29712 2级	焊缝全长
				磁粉	100%	GB/T 26951	GB/T 26952 2X级	焊缝全长
3		牛腿上承板与壁板之间熔透角焊缝	B级	超声	100%	GB/T 11345 B级	GB/T 29712 2级	焊缝全长
				磁粉	100%	GB/T 26951	GB/T 26952 2X级	焊缝全长
4		拉板与顶板间坡口角焊缝	C级	超声	100%	GB/T 11345 B级	GB/T 29712 3级	焊缝全长
5		拉板与底板间坡口角焊缝	C级	超声	100%	GB/T 11345 B级	GB/T 29712 3级	焊缝全长
6		牛腿托架板与上承板间坡口角焊缝	C级	超声	100%	GB/T 11345 B级	GB/T 29712 3级	焊缝全长

续表 7.3.9

序号	焊缝部位		质量等级	检测方法	检测比例（接头数量）	执行标准		检测范围
						检测标准/级别	验收标准/级别	
7		端面连接板之间的对接焊缝	B级	超声	100%	GB/T 11345 B级	GB/T 29712 2级	焊缝全长
8		拉板与锚箱之间的熔透角焊缝	B级	超声	100%	GB/T 11345 B级	GB/T 29712 2级	焊缝全长
				磁粉	100%	GB/T 26951	GB/T 26952 2X级	焊缝全长
9		拉板与锚下承压板之间的熔透角焊缝	B级	超声	100%	GB/T 11345 B级	GB/T 29712 2级	焊缝全长
				磁粉	100%	GB/T 26951	GB/T 26952 2X级	焊缝全长
10		拉板与壁板之间的坡口角焊缝	C级	超声	100%	GB/T 11345 B级	GB/T 29712 3级	焊缝全长
11	钢锚箱	节段间端面连接板与拉板、壁板之间的棱角焊缝	C级	超声	100%	GB/T 11345 B级	GB/T 29712 3级	焊缝全长
12		腹板与锚下承压板之间的坡口角焊缝	C级	超声	100%	GB/T 11345 B级	GB/T 29712 3级	焊缝全长
13		腹板与壁板之间的坡口角焊缝	C级	超声	100%	GB/T 11345 B级	GB/T 29712 3级	焊缝全长
14		锚箱与座板间坡口角焊缝	C级	超声	100%	GB/T 11345 B级	GB/T 29712 3级	焊缝全长
15		加劲板与腹板、锚下承压板之间的坡口角焊缝	C级	超声	100%	GB/T 11345 B级	GB/T 29712 3级	焊缝全长
16		节段间连接板与拉板之间的坡口角焊缝	C级	超声	100%	GB/T 11345 B级	GB/T 29712 3级	焊缝全长

7.3.10 钢箱拱拱肋焊缝无损检测的质量分级、检测方法、检测部位和等级应符合表7.3.10的规定。

表7.3.10 钢箱拱拱肋焊缝无损检测质量等级及检测范围

序号	焊缝部位	质量等级	检测方法	检测比例（接头数量）	执行标准 检测标准/级别	执行标准 验收标准/级别	检测范围
1	拱肋对接焊缝	B级	超声	100%	GB/T 11345 B级	GB/T 29712 2级	焊缝全长
1	拱肋对接焊缝	B级	X射线	10%	GB/T 3323.1 B级	GB/T 37910.1 1级	焊缝两端深250~300mm，焊缝长度大于6 000mm时，中部加探250~300mm
2	产品试板焊缝	B级	超声	100%	GB/T 11345 B级	GB/T 29712 2级	焊缝全长
3	拱肋顶底板与腹板、拱肋吊点隔板与拱肋壁板熔透角焊缝	B级	超声	100%	GB/T 11345 B级	GB/T 29712 2级	焊缝全长
4	其余对接焊缝	C级	超声	100%	GB/T 11345 B级	GB/T 29712 3级	焊缝全长
5	坡口角焊缝	C级	超声	100%	GB/T 11345 B级	GB/T 29712 3级	焊缝两端各1m

7.3.11 钢管拱焊缝无损检测的质量分级、检测方法、检测部位和等级应符合表7.3.11的规定。钢管墩焊缝无损检测不作射线检测要求，其质量分级、检测方法、检测部位和等级可按表7.3.11的规定执行。

表7.3.11 钢管拱焊缝无损检测质量等级及检测范围

序号	焊缝部位	质量等级	检测方法	检测比例（接头数量）	执行标准 检测标准/级别	执行标准 验收标准/级别	检测范围
1	拱肋间对接焊缝（环焊缝）	B级	超声	100%	GB/T 11345 B级	GB/T 29712 2级	焊缝全长
1	拱肋间对接焊缝（环焊缝）	B级	X射线	5%	GB/T 3323.1 B级	GB/T 37910.1 1级	十字交叉处焊缝横纵向各250~300mm
2	横撑、斜撑纵环缝	B级	超声	100%	GB/T 11345 B级	GB/T 29712 2级	焊缝全长
3	腹板对接焊缝	B级	超声	100%	GB/T 11345 B级	GB/T 29712 2级	焊缝全长

续表 7.3.11

序号	焊缝部位	质量等级	检测方法	检测比例（接头数量）	执行标准 检测标准/级别	执行标准 验收标准/级别	检测范围
4	钢管直相贯缝	C级	超声	100%	GB/T 11345 B级	GB/T 29712 2级	焊缝全长
5	钢管斜相贯缝①	C级	超声	100%	GB/T 11345 B级	GB/T 29712 2级	焊缝侧部、趾部
5	钢管斜相贯缝①	C级	磁粉	100%	GB/T 26951	GB/T 26952 2X级	根部
6	腹板与拱肋坡口角焊缝	C级	磁粉	100%	GB/T 26951	GB/T 26952 2X级	焊缝两端各1m

注：①钢管斜相贯缝的检测，按角度划分超声检测范围，对不能检测的角度部分不做判定。

7.3.12 钢箱墩、钢盖梁焊缝无损检测的质量分级、检测方法、检测部位和等级应符合表7.3.12的规定。

表 7.3.12 钢箱墩、钢盖梁焊缝无损检测质量等级及检测范围

序号	焊缝部位	质量等级	检测方法	检测比例（接头数量）	执行标准 检测标准/级别	执行标准 验收标准/级别	检测范围
1	盖板、腹板对接焊缝	B级	超声	100%	GB/T 11345 B级	GB/T 29712 2级	焊缝全长
2	全熔透角焊缝	B级	超声	100%	GB/T 11345 B级	GB/T 29712 2级	焊缝全长
3	坡口角焊缝	C级	超声	100%	GB/T 11345 B级	GB/T 29712 3级	焊缝两端各1m

7.3.13 对开坡口且部分熔透焊接的角焊缝进行无损检测时，其检测深度应比设计坡口深度小2mm。

条文说明

由于焊接过程中受到焊丝直径和坡口装配间隙公差等因素的影响，通常情况下焊丝无法精确设置在焊缝根部，故作此规定。

7.3.14 弱磁性材料焊缝进行渗透检测时，应符合现行《无损检测 渗透检测》（GB/T 18851）和《焊缝无损检测 焊缝渗透检测 验收等级》（GB/T 26953）的规定。

7.3.15 进行局部超声检测、射线检测、磁粉检测或渗透检测的焊缝，当发现有裂纹或其他超标缺陷时，应加倍检测，仍不合格时应将该条焊缝的检测范围延至全长。

7.3.16 同一条焊缝采用超声、射线、磁粉和渗透等多种方法检测时，应达到各自的质量要求，方可认为该焊缝合格。

7.4 矫正

7.4.1 冷矫的环境温度应不低于5℃，矫正时应缓慢加力。

7.4.2 热矫工艺应符合本规范第5.3.3条的规定。

7.4.3 当设计文件对矫正有特殊要求时，矫正的方法和温度应符合其规定。

条文说明

随着各种新材料的应用，部分新钢种对矫正可能会有特殊要求，有的设计会对此作出规定，因此当设计有规定时，需要满足其要求。

7.4.4 矫正后的板单元、构件和梁段表面不应有凹痕和其他损伤。

7.4.5 板单元矫正的允许偏差应符合表7.4.5的规定。

表7.4.5 板单元矫正的允许偏差（mm）

序号	名称		允许偏差	简图
1	顶板底板	横向平面度	$S_1/250$	
		纵向平面度	≤5	
		四角不平度	≤5	
		板边直线度	≤3	
		接板垂直度	≤2	
2	横隔板	平面度 f	≤5	
		板边直线度 f	≤2	

续表7.4.5

序号	名称		允许偏差	简图
3	纵隔板	平面度 f	≤5	
		板边直线度 f	≤2	
4	腹板风嘴	横向平面度 f	$S_1/250$	
		纵向平面度 f	≤6	
		板边直线度	≤3	
		加劲肋与纵基线间距、加劲肋中心距 S_1、S_2、S_3 — 端部及横隔板处	±1	
		加劲肋与纵基线间距、加劲肋中心距 S_1、S_2、S_3 — 其余部位	±2	

7.4.6 钢桁梁构件矫正的允许偏差应符合表7.4.6的规定。

表7.4.6 钢桁梁构件矫正的允许偏差（mm）

序号	名称		允许偏差	简图
1	翼缘板对腹板的垂直度 Δ	有孔部位 当 $b \leq 600$ 时	≤0.5	
		有孔部位 当 $b > 600$ 时	≤1	
		其余部位	≤2	
2	翼缘板平面度	有孔部位	≤0.5	
		其余部位	≤2	
3	腹板平面度		≤$h/500$ 且 ≤5	
4	箱形构件盖腹板平面度	工地孔部位	$S/750$ 且 ≤1	
		其余部位	$S/250$	
		纵向	$L_1/500$ 且 ≤5	S-孔群部位宽度

续表7.4.6

序号	名 称		允许偏差	简 图
5	箱形构件对角线差 $\|L_1 - L_2\|$	边长<1 000	≤2	
		边长≥1 000	≤3	
6	工形、箱形构件的扭曲		≤3	
7	整体节点构件节点板平面度		$\Delta_1 \leq 1$ $\Delta_2 \leq 1$ $\Delta_3 \leq 1.5$ （栓孔部位）	
8	T形、工形、箱形构件的弯曲；纵梁、横梁的旁弯f	L≤4 000	≤2	
		4 000<L≤16 000	≤3	
		L>16 000	≤5	
9	节点板、接头板垂直度		$\Delta_1 \leq 1.5$ $\Delta_2 \leq 1$ $\Delta_3 \leq 1$	
	插入式连接节点板间距S		+1.5，0	
	整体节点下翼缘板平面度 Δ_4		≤1（不许内弯）	
	整体节点下翼缘板平面度 Δ_5		≤2	

7.4.7 钢塔构件矫正的允许偏差应符合表7.4.7的规定。

表7.4.7 钢塔构件矫正的允许偏差（mm）

序号	名 称		允 许 偏 差	简 图
1	壁板平面度 Δ	纵向	S/500（S为隔板间距）	
		横向	W/300（W为纵肋间距）	
2	横隔板	弯曲度f	≤2	

7.4.8 钢箱梁、钢板梁、钢锚梁、钢锚箱、钢箱拱、钢管拱、钢管墩、钢箱墩和钢盖梁等构件矫正的允许偏差应符合其成品尺寸允许偏差的规定。

7.5 检验

7.5.1 焊接检验应符合本规范第7.1节~第7.3节的规定。

检验方法：按本规范规定及设计要求，采用无损检测设备、测温计、焊脚检测器、样块、目测、放大镜、钢板尺、钢卷尺等检查。

7.5.2 矫正应符合本规范第7.4节的规定，并应符合下列规定：

1 冷矫时应符合本规范第7.4.1条的规定。

检验方法：目视检查，采用测温计检查。

2 热矫时应符合本规范第7.4.2条的规定。

检验方法：目视检查，采用测温计检查。

3 矫正后的构件表面应符合本规范第7.4.4条的规定。

检验方法：目视检查。

4 构件矫正应符合本规范第7.4.5条~第7.4.8条的规定。

检验方法：采用直角尺、钢板尺、钢平器、塞尺、平尺、拉线、钢卷尺、经纬仪、水准仪检查。

8 试拼装、预拼装

8.1 一般规定

8.1.1 钢桁梁、钢板梁的杆件在成批制造前，应进行试拼装；钢箱梁、大节段钢桁梁、钢塔、钢箱拱和钢管拱等的构件在安装施工前，应进行预拼装。

条文说明

试拼装的目的是检验图纸、工装、工艺的准确性和合理性，预拼装的目的是检验节段间接口的匹配精度和桥梁整体线形精度，两者都是钢结构桥梁制造过程中非常重要的工序，其目标是通过对制造过程的质量预控来保证现场安装施工的精度。

8.1.2 试拼装和预拼装应采用专用的平台或胎架，平台或胎架应具有足够的强度、刚度和稳定性，基础和地基应有足够的承载力。

8.1.3 试拼装、预拼装作业时，应符合起重吊装、高空作业等安全管理的相关规定。

8.2 试拼装

8.2.1 试拼装应按试装图的要求在制造厂内进行。首批制造杆件、改变工艺装备或工艺装备大修时，均应选取有代表性的杆件进行试拼装；成批连续生产的杆件，每生产15孔梁应试拼装一次。

8.2.2 试拼装应在钢结构涂装前在测平的胎架上进行，并应解除杆件与胎架之间的临时连接，使其处于自由状态。用于试拼装的零件、板单元和杆件等均应经检验合格。

8.2.3 钢板梁应整孔试拼装；钢桁梁应采用平面卧式试拼装。连续钢桁梁的试拼装杆件应包括所有节点类型，每轮试拼装的数量宜不少于3个节段。

8.2.4 试拼装时应使板层密贴，冲钉应不少于栓孔总数的10%，螺栓宜不少于栓孔总数的20%。

8.2.5 试拼装过程中,应对杆件的拼接处有无相互抵触以及螺栓不易施拧等情况进行检查。

8.2.6 试拼装时,应采用试孔器检查所有栓孔。对钢桁梁主桁弦杆竖板平面内和主桁间连接的栓孔,以及钢板梁主梁腹板平面内的栓孔,应100%自由通过较设计孔径小0.75mm的试孔器;其他栓孔应100%自由通过较螺栓公称直径大0.5mm的试孔器。

8.2.7 有磨光顶紧要求的杆件,应有75%以上面积密贴;采用0.2mm塞尺检查时,其塞入面积应不超过25%。

8.2.8 钢桁梁试拼装的主要尺寸允许偏差应符合表8.2.8的规定。

表8.2.8 钢桁梁试拼装的主要尺寸允许偏差(mm)

序号	名称		允许偏差	备注
1	桁高		±3	上下弦杆中心间距
2	节间长度		±3	
3	旁弯		≤l/5 000	桥面系中线与其试拼装全长 l 的梁段中心所连直线的偏差
4	试拼装长度		±5	l≤50 000
			±l/10 000	l>50 000
5	拱度	f≤60	±3	f 为计算拱度
		f>60	±f/20	
6	对角线		≤3	每个节间主桁斜杆与上、下弦杆中心线两交点的距离
7	主桁中心距	两片主桁	±3	
		三片主桁	±2.5	边桁至中桁的中心距离
			±5	边桁至中桁的中心距离

8.2.9 钢板梁试拼装的主要尺寸允许偏差应符合表8.2.9的规定。

表8.2.9 钢板梁试拼装的主要尺寸允许偏差(mm)

序号	名称	允许偏差	备注
1	梁高 H	±2	H≤2m
		±4	H>2m
2	跨度 L	±8	支座中心至中心
3	全长	±15	全桥长度
4	主梁中心距	±3	
5	拱度	+10,−3	与计算拱度相比
6	两片梁相对拱度差	≤4	
7	旁弯	≤L/5 000	桥梁中心线与其试拼装全长 L 的两端按中心所连直线的偏差

续表 8.2.9

序号	名称	允许偏差	备注
8	两相邻梁段错边量	≤2	
9	相邻两主梁横断面对角线差	≤4	
10	平联节间对角线差	≤3	—
11	主梁倾斜	≤5	—
12	支点处高低差	≤3	三个支座处水平时，另一支座处翘起高度

8.2.10 试拼装的检验应在无日照影响的条件下进行，并应有详细的检查记录。试拼装检验合格后方可批量生产。

8.3 预拼装

8.3.1 每批梁段制造完成后，应进行连续匹配预拼装，预拼装应按施工图纸规定的连接顺序进行。每轮预拼装结束并经检查合格后，应留下最后一个梁段参与下一轮次的匹配拼装。

条文说明

通常情况下，钢箱梁、钢桁梁、钢塔、钢箱拱和钢管拱的节段组装和预拼装可以同步进行。

8.3.2 每轮预拼装均应进行线形控制。立式预拼装应测量调整高程，胎架顶面（梁段底）的线形应与设计或施工监控要求的梁底线形相吻合；侧卧式预拼装的胎架顶面应测平，连接处的平面位置应与设计或施工监控要求拱轴线线形吻合。预拼装的测量应在解除工艺板后进行。

8.3.3 钢箱梁节段的每轮预拼装数量应不少于3段，预拼装的主要尺寸允许偏差应符合表8.3.3的规定。

表 8.3.3 钢箱梁节段预拼装主要尺寸允许偏差（mm）

序号	名称		允许偏差	备注
1	预拼装长度 L		±2n，±20；取绝对值较小者	n 为梁段数，测最外侧两锚箱或吊点间距
2	顶板宽 B	2车道	±5	测梁段两端口宽度
		4车道	±6	
		6车道	±8	
		8车道	±10	

续表8.3.3

序号	名称	允许偏差	备注
3	两相邻吊点纵距	±3	测锚箱或吊点间距
4	梁段中心线错位	≤2	梁段中心线与桥轴中心线偏差
5	左右支点高度差（吊点）	≤5	左右高低差
6	竖曲线或预拱度	+10，-5	测横隔板处桥面高程
7	旁弯	$3+0.1L_m$ 且 ≤6	测桥面中心线的平面内偏差；L_m 为任意3个预拼装梁段长度，以 m 计
8	两相邻梁段接口错边量	≤1.5	梁段匹配接口处安装匹配件后
9	纵肋直线度 f	≤2	梁段匹配接口处
10	螺栓孔孔距	±1①	相邻梁段①

注：①对于特配连接板可不受此限。

8.3.4 大节段钢箱梁宜先通过小节段钢箱梁的拼装并经检查合格后，再进行环缝焊接或栓接连接。小节段钢箱梁拼装的主要尺寸允许偏差应符合表8.3.3的规定，大节段钢箱梁总拼后的成品尺寸应符合表9.2.2的规定。

条文说明

随着制造业的技术发展，大型起重船起重吊装能力的不断提升，在桥梁现场钢箱梁吊装的节段长度也在不断加大。常规钢箱梁吊装的节段长度一般小于18m，而有些大节段钢箱梁的最大安装长度已超过100m，吊重超过2000t，因此本规范列入了对大节段钢箱梁制造的相关要求。大节段钢箱梁制造也有在长线胎架上直接采用单元件组装的。

8.3.5 钢桁梁节段的每轮预拼装数量宜不少于3段，预拼装的主要尺寸允许偏差应符合表8.3.5的规定。

表8.3.5 钢桁梁节段预拼装主要尺寸允许偏差（mm）

序号	名称	允许偏差		简图
1	预拼装长度 L	$L/10\,000$ 且 ≤10	主桁预拼装弦杆极边孔距	
2	节间长度 L_1	±3	两相邻节段的相邻节点纵向间距	
3	两相邻锚点间距 L_2	±3	两相邻节段的相邻锚箱锚点纵向间距	
4	1/2 斜杆接口位置 h	±2	预拼装端部斜杆端头孔群与上弦杆腹板孔群距离	

续表 8.3.5

序号	名 称	允 许 偏 差		简 图
5	主桁中心线直线度（旁弯）	≤10	中桁、边桁中心线与预拼装全长两端中心连线的偏差，测节点处	
6	桁片纵向偏移 Δ	≤5	下弦同一节点编号处两边桁节点连线，测量中桁节点连线的偏移量	
7	预拱度	+10，-3	各节点位置的下弦杆下水平板处	
8	节段间对接错边	桥面板 ≤1.5 弦杆 ≤1.0	节段焊接接口处安装匹配临时件后	
9	两端支座连接孔中心距离	±15	对于整孔吊装的梁段，支座中心至中心	

8.3.6 钢锚梁、钢锚箱可采用立式或卧式预拼装，每轮预拼装的数量宜不少于3段，预拼装的主要尺寸允许偏差应符合表8.3.6的规定。

表 8.3.6 钢锚梁、钢锚箱预拼装主要尺寸允许偏差（mm）

序号	名 称	允 许 偏 差		简 图
1	预拼装高度 H	$±2n$ 且 ≤20	n 为梁段数	
2	壁板垂直度	≤1/5 000		
3	预拼装箱体整体扭曲	≤4		钢锚梁示意图
4	钢锚梁与支承面接触率或钢锚箱端面接触率[①]	≥40%	不考虑竖向加劲肋	
5	顶节和底节钢锚梁锚点间距	±15	12节段累计	
6	节段间壁板错边量	≤2		钢锚箱示意图

注：① 钢锚箱端面接触率指端面有机加工要求的钢锚箱。

条文说明

本条规定适用于壁板连接的钢锚梁、钢锚箱的预拼装。

8.3.7 钢箱拱节段的每轮预拼装数量宜不少于3段,预拼装的主要尺寸允许偏差应符合表8.3.7的规定。

表8.3.7 钢箱拱节段预拼装主要尺寸允许偏差（mm）

序号	名 称		允许偏差	备 注
1	长度		$\pm 2n$ 且 $\leqslant 20$	n 为节段数
2	相邻两节段吊点距离		± 5	
3	纵向线形	旁弯	$L/5\,000$	L 为试拼装长度
		曲线度	$+10,-3$	
4	相邻节段横基线间距		± 2	
5	匹配件位置错边量		$\leqslant 1$	
6	支点高度差		$\leqslant 5$	

8.3.8 钢管拱拱肋节段可采用卧式预拼装,每轮预拼装的数量宜不少于3段。对大跨径桁架钢管拱拱肋节段,当卧式预拼装不能满足精度要求时,可采用"2+1"的方式进行立式预拼装。预拼装的主要尺寸允许偏差应符合表8.3.8的规定。

表8.3.8 钢管拱拱肋节段预拼装主要尺寸允许偏差（mm）

序号	名 称	允许偏差	备 注
1	预拼装总长度	$\pm 2n$ 且 $\leqslant 20$	n 为节段数
2	节段水平长度	± 5	
3	内弧偏离设计弧线	$\leqslant 8$	
4	节段端口环缝对接错边量	$\leqslant 2$	
5	旁弯	$\leqslant 10$	成拱后横向偏位
6	拱肋间距	± 5	适用于一次性组装的双排拱肋
7	对称接头相对高差	$\leqslant 15$	

条文说明

钢管拱的拱肋一般根据主拱跨径的不同分别有单钢管、双钢管或多钢管截面,双钢管截面多为哑铃形,多钢管截面的拱肋通常设计为桁架式。钢管拱的拱肋节段采用卧式预拼装时,胎架或支架的设置较为简单,操作上也较容易,而且对跨径相对较小的钢管拱,一般能满足拼装精度的要求,因此可以采用这种方式进行预拼装。对大跨径桁架式钢管拱肋,例如主拱跨径大于或等于200m时,由于节段较长较重,自重荷载下的结构变形较大,采用卧式预拼装时无法反映自重荷载下的变形因素,可能达不到拼装精度的要求，因此，在卧式预拼装不能满足拼装精度的情况下，就可以采用立式的方式进行预拼装。虽然立式预拼装能够比较真实地反映出拱肋节段总重作用下的变形因素，拼装效果较好，能达到较高的精度要求，但由于其施工的难度要比卧式预拼装大，安全风险较高，效率也较低，因此规定可以采用"2+1"的方式进行。

8.4 钢塔预拼装

8.4.1 钢塔节段的预拼装宜在工厂的厂房内进行。预拼装可采用立式或卧式。

条文说明

立式是指将拟进行拼装的钢塔节段竖直叠加放置；卧式是指将拟进行拼装的钢塔节段水平顺序放置。

8.4.2 栓接钢塔节段采用立式预拼装时应符合下列规定：

1 预拼装所使用的工作平台应具有足够的刚度和顶面平面精度，刚度应满足在拼装过程中不产生变形的要求，顶面平面精度应满足立式预拼装要求。

2 对节段端面接触率进行检查前，应清除接触面边缘的机加工毛刺。

3 钢塔立式预拼装时，每轮的预拼装数量应不少于2段。

4 预拼装时应对端面接触率、螺栓孔位置和轴线偏位等情况进行检查，测量点应符合设计的规定，每个节段端面的顶紧处均应有检查记录。

5 对节段端面接触率的判定，应采用0.04mm的塞尺进行检查，当塞尺的插入深度不超过板厚的1/3时判定为密贴，超过时应判定为不密贴。

6 栓接钢塔立式预拼装的主要尺寸允许偏差应符合表8.4.2的规定。

表8.4.2 栓接钢塔节段立式预拼装主要尺寸允许偏差（mm）

序号	名　称		允许误差	备　注
1	预拼长度L		±2n	n为预拼装钢塔节段数量
2	垂直度		≤1/6 000	
3	错边量		≤2	个别角点，3mm
4	端面接触率	壁板	≥50%	金属接触率=密贴点数/检测点总数×100%（测点频次为壁板、腹板：1点/每个加劲肋间隔；加劲肋：1点/每条加劲肋）
		腹板	≥40%	
		加劲肋	≥25%	

8.4.3 栓接钢塔节段采用卧式预拼装时应符合下列规定：

1 预拼装应在专用胎架上进行，胎架应具有足够的刚度及顶面平整度，刚度应满足在拼装过程中不产生变形的要求。

2 钢塔卧式预拼装时，应按设计的连接顺序依次进行，每轮的预拼装节段数量应不少于 2 段。

3 预拼装时，应对水平放置的节段施加必要的轴向力，并应保证节段之间的受力状态与实际的受力状态相接近。

4 对节段端面接触率的判定，应采用 0.2mm 的塞尺进行检查，当塞尺的插入深度不超过板厚的 1/4 时应判定为密贴，超过时应判定为不密贴。

5 螺栓孔的位置应采用试孔器进行检查，所有螺栓孔均应 100% 自由通过较螺栓公称直径大 1mm 的试孔器方可认为合格。

6 预拼装后，应在钢塔节段的适宜位置设置临时连接匹配件，并应标识清楚。

7 栓接钢塔卧式预拼装的主要尺寸允许偏差应符合表 8.4.2 的规定。

条文说明

卧式预拼装一般在具有相当精度的测量仪器的控制下完成，重点控制的是钢塔的整体直线度和线形。

3 本款的规定是为了能更准确地量测端面接触率。

8.4.4 焊接连接的钢塔节段可采用卧式预拼装，且可不检测端面接触率，其长度、垂直度和错边量应符合表 8.4.2 的规定。用于定位端面间隙的匹配件应在预拼装合格后安装，且匹配件承压面应密贴。

条文说明

焊接连接钢塔是通过连接焊缝传递荷载，而非通过金属接触面传递荷载，故不需控制钢塔节段之间的端面接触率。匹配件承压面是为了支承节段重量使其处于确定位置，如果预拼装时留有间隙，在实际安装时会使节段倾斜，影响垂直度。

8.4.5 预拼装的检测宜在温度恒定时进行，其温差变化的范围应为 ±2℃。

8.4.6 预拼装检测合格后应进行连接板的配制，并应按图编号，在现场安装时应进行核对。

8.5 检验

8.5.1 试拼装应符合本规范第 8.1 节和第 8.2 节的规定，并应符合下列规定：

1 试拼装时，应使板层密贴，冲钉及螺栓数量应符合本规范第 8.2.4 条的规定。
检验方法：目视检查，采用塞尺检查。

2 试拼装过程中应检查拼接处有无相互抵触情况，有无不易施拧螺栓处。
检验方法：目视检查。

3 试拼装时，栓孔的通过率应符合本规范第8.2.6条的规定。

检验方法：目视检查，采用试孔器检查。

4 磨光顶紧处应符合本规范第8.2.7条的规定。

检验方法：目视检查，采用塞尺检查。

5 钢桁梁、钢板梁试拼装的主要尺寸允许偏差应分别符合本规范第8.2.8条、第8.2.9条的规定。

检验方法：目视检查，采用直角尺、钢板尺、钢平尺、塞尺、拉线、钢卷尺、经纬仪、水准仪检查。

8.5.2 预拼装应符合本规范第8.1节和第8.3节的规定。钢箱梁、钢桁梁、钢锚梁、钢锚箱、钢箱拱、钢管拱节段预拼装的主要尺寸允许偏差应分别符合本规范第8.3.3条、第8.3.5条、第8.3.6条、第8.3.7条、第8.3.8条的规定。

检验方法：采用钢盘尺、钢卷尺、钢板尺、直角尺、塞尺、钢丝线、弹簧秤、紧线器、拉力器、线垂、经纬仪、水准仪检查。

8.5.3 钢塔预拼装应符合本规范第8.4节的规定。钢塔立式预拼装、卧式预拼装的主要尺寸允许偏差应分别符合本规范第8.4.2条、第8.4.3条、第8.4.4条的规定。

检验方法：钢尺、全站仪、钢板尺、塞尺。

9 成品尺寸检验与验收

9.1 一般规定

9.1.1 钢结构构件制造完成后应进行检验，出厂前应进行验收。

9.1.2 对钢结构构件进行验收时，应具备下列文件：
 1 合格证明书；
 2 钢材、焊接材料、高强度螺栓连接副、高强度环槽铆钉连接副和涂装材料的出厂质量证明书及复验资料；
 3 焊接工艺评定报告；
 4 工厂高强度螺栓（环槽铆钉）摩擦面抗滑移系数试验报告；
 5 焊缝无损检验报告；
 6 焊缝重大修补记录；
 7 产品试板的试验报告；
 8 试拼装或预拼装检查记录；
 9 涂装检测记录。

9.1.3 对钢结构进行计量时，钢板应按矩形计算，但大于 $0.1m^2$ 的缺角及开孔应扣除；焊缝重量应按焊接构件重量的 1.5% 计。

9.1.4 产品试板、抗滑移系数试件、吊耳、加固件、临时连接件等构件应纳入计量。

9.2 成品尺寸

9.2.1 板单元作为成品发运时，出厂前成品尺寸的允许偏差应符合表 9.2.1 的规定。

表 9.2.1 板单元成品尺寸允许偏差（mm）

序号	名 称			允许偏差
1	顶板底板	长度 L、宽度 B		±2
		对角线差 $\|L_1 - L_2\|$		≤4
		U 形肋与纵基线间距、U 形肋间距 S_1	端部及横隔板处	±1
			其余部位	±2
		横隔板接板间距 S_2	上下对接形式	±1
			其余形式	±2
2	横隔板	长度 L、宽度 B		±2
		对角线差 $\|L_1 - L_2\|$		≤5
3	纵隔板	长度 L、宽度 B		±2
		对角线差 $\|L_1 - L_2\|$		≤5
4	腹板风嘴	长度 L、宽度 B		±2
		加劲肋与纵基线间距、加劲肋中心距 S	端部及横隔板处	±1
			其余部位	±2

9.2.2 钢箱梁梁段（含大节段）成品尺寸的允许偏差应符合表 9.2.2 的规定。

表 9.2.2 钢箱梁梁段（含大节段）成品尺寸允许偏差（mm）

序号	名 称		允许偏差	简 图
1	梁长 L	L≤20m	±4	以梁段两端检查线为基准，合龙段长度根据实测结果确定
		20m<L<50m	±(4+0.3L) 且≤20	
		L≥50m	±20	
2	梁高	梁段中心处 H	±4	测量两端口，以底部为基准
		边高 H_1、H_2	±4	

续表9.2.2

序号	名　称		允许偏差	简　图
3	腹板中心距		±4	测量两端腹板中心距
4	梁半宽 $B/2$ 顶板半宽 $B_1/2$ 底板半宽 $B_2/2$	2 车道	±2.5	在梁段两端口测量宽度
		4 车道	±3	
		6 车道	±4	
		8 车道	±10	
5	端口尺寸	对角线差 $\lvert L_1-L_2 \rvert$	≤6	
		顶板与底板中心重合度	≤2	
6	锚箱单元	长度 L、宽度 B	±2	
		承力板间距 S	±1	
		承力板与锚垫板的垂直度	≤2	
		锚垫板锚下承压板同心度	≤1	
7	锚箱位置	同一梁段两锚箱高差	≤5	
		锚箱位置 L_1、L_2	±2	
		承力板角度 β	±0.1°	
		锚下承压板角度 （$90°-\beta$）	±0.1°	
8	吊点位置	横向中心距 S_1	±4	
		纵向中心距 S_2	±2	
		两吊点纵向错位 Δ	±2	
		相对高差	≤5	
9	顶板	四角（A、B、C、D）水平	±3	
		大节段四角不平（两端横隔板及支座隔板与外腹板交叉处）	≤5	
		相对高差	≤8	
		1/2 对角线差 $\lvert L_1-L_2 \rvert$ $\lvert L_3-L_4 \rvert$	≤8	

续表9.2.2

序号	名称		允许偏差	简图
10	板面平面度	横桥向 f	$S_1/250$	
		纵桥向 f	$S_2/500$	
11	桥面横坡		±0.1%	
12	旁弯 f		$3+0.1L$ 且 ≤10	
13	扭曲	$L≤20m$	≤10	
		$20m<L<50m$	$10+0.2L$ 且 ≤20	
		$L≥50m$	≤20	
14	竖曲线或预拱度（高程控制点）		$+(3+0.15L)$ 且 ≤12，$-(3+0.15L)$ 且 ≥-6	
15	两端支座连接孔中心距		±20	对于整孔吊装的梁段，支座中心至中心

9.2.3 钢桁梁杆件成品尺寸的允许偏差应符合表9.2.3的规定。

表9.2.3 钢桁梁杆件成品尺寸允许偏差（mm）

序号	名称		允许偏差		简图
1	主桁构件	高度 H	插入式：-0.5，-2	测量两端腹板处高度	
			对拼式：±1		
2		宽度 B	±1（腹板有拼接）	每2m测一次	
			±2（腹板无拼接）		
3		长度 L	±4	测量全长	
4		箱形构件对角线差	≤2（边长<1 000）	测量两端箱口处两对角线	
			≤3（边长≥1 000）		

续表9.2.3

序号	名称	允许偏差		简图
5	弯曲	≤2（L≤4 000）	拉线测量	
		≤3（4 000＜L≤16 000）		
		≤5（L＞16 000）		
6	整体节点弦杆节点板内侧宽度 B（涂装后的尺寸）	+1.5，0	测孔群部位	
7	整体节点弦杆端口高度 H	±1	测量两端腹板高度	
8	整体节点弦杆横梁接头板高度 H_1、H_2	±1.5	接头板外端腹板处高度	
9	整体节点弦杆节点板内侧中心线距横梁接头板外侧孔的距离 L	±1.5		
10	主桁构件 整体节点构件节点板平面度	Δ_1≤1 Δ_2≤1 Δ_3≤1.5 （栓孔部位）		
11	翼缘板对腹板的垂直度 Δ	≤0.5（有孔部位）	翼缘板宽度≤600	
		≤2（其余部位）		
		≤1（有孔部位）	翼缘板宽度＞600	
		≤2（其余部位）		
12	翼缘板平面度	≤0.5	有孔部位	
		≤2	其余部位	
13	扭曲	≤3	构件置于平台上，四角中有三角接触平台，悬空一角与平台间隙	

续表 9.2.3

序号	名称		允许偏差		简图
14	箱形构件盖腹板平面度		$S/750$ 且 ≤ 1	工地孔部位	
			$S/250$	其余部位	
			$L_1/500$ 且 ≤ 5	纵向	S-孔群部位宽度
15	纵梁横梁	高度 H	纵梁：±1	测量两端腹板处高度	
			横梁：±1.5		
16		翼缘板宽度 B	±2	每 2m 测一次	
			±1（箱形腹板有拼接时）		
17		长度 L	纵梁：+0.5，-1.5	测量两端角钢背至背之间距离	
			横梁：±1.5		
18			L_1：±1	L_1：测量腹板极边孔距	
			L_2：±5		
19		旁弯 f	≤3	梁立置时，在腹板一侧距主焊缝100mm处拉线测量	
20		上拱度 f	+3，0	梁卧置时，在下盖外侧拉线测量	
21		腹板平面度 Δ	$h/500$ 且 ≤ 5		h-纵、横梁端面高度

续表 9.2.3

序号	名称		允许偏差		简图
22	联结系构件	高差 H	±1.5	测量两端腹板处高度	
23		翼缘板宽度 B	±2	每2m测一次	
24		长度 L	±5	测量全长	
25		箱形构件对角线差	≤2	测量两端箱口处两对角线	

9.2.4 主桁桁片、横联桁片、桥面板块、桁梁节段（含大节段）成品尺寸的允许偏差应符合表9.2.4的规定。

表 9.2.4 主桁桁片、横联桁片、桥面板块、桁梁节段（含大节段）成品尺寸允许偏差（mm）

序号	名称		允许偏差	简图
1	主桁桁片	斜杆接口位置 H_1	±2	
2		斜杆中心线长度 L_4、L_5	+2，-1	
3		对角线差 $\|L_2-L_3\|$	≤3	
4		节点中心距 L_1	±2	
5		弦杆端部孔与节点中心距 L_0	±1	注：检测点为杆件系统线与杆件极边孔中心线的交点
6		锚管间距 B_1	±3	
7	横联桁片	桁高 H	±2	
8		全长 L	±3	
9		节点间距 L_0、L_1	±2	

续表9.2.4

序号	名 称		允许偏差	简 图
10	桥面板块	节间长度 L	±2	
11		桥面板块宽度 B	±2	
12		桥面板块高度 H	±2	
13		横梁、横肋、横隔板间距 S_1	±2	
14		纵梁中心距 S_2	±2	
15		对角线差 $|L_1-L_2|$	≤3	
16		横梁预拱度	+5，0	
17		横梁位置桥面各点高程	±5	
18	桁梁节段	桁高 H	±3	
19		极边孔距 L	±1	
20		锚管间距 B	±3	
21		主桁中心线直线度（旁弯）	≤3	
22		桁片纵向偏移 Δ	≤3	
23		平面对角线差 $|L_1-L_2|$	≤5	
24		桁宽 B_1	±3	
25		锚点间距 B_2	±5	
26		端面对角线差 $|L_3-L_4|$	≤5	
27		桁片垂直度	≤5	

9.2.5 钢板梁节段成品尺寸的允许偏差应符合表9.2.5的规定。

表9.2.5 钢板梁节段成品尺寸允许偏差（mm）

序号	名 称	允许偏差	备 注
1	跨度 L	±8	测量两支座中心距离
2	全长	±15	测量全桥长度

续表 9.2.5

序号	名称		允许偏差		备注
3	梁高	$H \leq 2m$	±2		测量两端腹板处高度
		$H > 2m$	±4		
4	纵梁长度		+0.5,−1.5		测量两端角钢背至背之间距离
5	横梁长度		±1.5		
6	纵梁高度		±1		测量两端腹板处高度
7	横梁高度		±1.5		
8	纵梁、横梁旁弯		≤3		梁立置时在腹板一侧距主焊缝100mm处拉线测量
9	纵梁、横梁拱度		+3,0		梁卧置时在下翼缘板外侧拉线测量
10	主梁拱度 f		+5,0	不设拱度	梁卧置时在下翼缘板外侧拉线测量
			+10,−3	设拱度	
11	两片主梁拱度差		≤4		分别测量两片主梁拱度，求差值
12	主梁腹板平面度		$h/350$ 且 ≤8		用平尺测量（h 为梁高或纵向加劲肋至下翼缘板间距离）
13	纵、横梁腹板平面度		$h/500$ 且 ≤5		
14	主梁、纵横梁翼缘板对腹板的垂直度		≤1	有孔部位	用直尺测量
			≤1.5	其余部位	
15	翼缘板平面度		≤1	有孔部位	
			≤2	其余部位	
16	钢板梁、纵梁、横梁腹板平面度 Δ		$H/500$ 且 ≤5		

9.2.6 钢塔节段成品尺寸的允许偏差应符合表 9.2.6 的规定。

表 9.2.6 钢塔节段成品尺寸允许偏差（mm）

序号	名称	允许偏差		简图
1	长度 L、高度 H	±2		
2	宽度 B	±2		
3	端口对角线相对差 $\|L_1-L_2\|$	≤3		
4	扭曲 δ	≤3	测点在两端横隔板与外壁板交点上	
5	旁弯	≤3		

续表9.2.6

序号	名　　称		允许偏差	简　　图
6	板面平面度	纵向	S/500	W为纵肋中心距 S为隔板中心距
		横向	W/300	
		栓接部位	≤2	

9.2.7 钢锚梁节段、钢锚箱节段成品尺寸的允许偏差应符合表9.2.7的规定。

表9.2.7　钢锚梁节段、钢锚箱节段成品尺寸允许偏差（mm）

序号	名　　称	允许偏差	简　　图
1	长度L	±2	
2	拉板中心距B	±2	
3	高度H	±2	
4	锚垫板角度	±0.15°	
5	锚垫板坐标	±3	
6	锚点高度	±3	
7	箱口对角线偏差	≤3	
8	旁弯	≤3	
9	箱体扭曲	≤3	
10	底板下表面平面度（与牛腿顶面接触范围内）	≤0.5	

续表9.2.7

序号	名称	允许偏差	简图
11	牛腿顶面垂直度	≤1	
12	牛腿顶面平面度	≤0.5	

9.2.8 钢箱拱拱肋成品尺寸的允许偏差应符合表9.2.8的规定。

表9.2.8 钢箱拱拱肋成品尺寸允许偏差（mm）

序号	名称		允许偏差	备注
1	长度 L		±4	
2	宽度 B		±2	
3	高度 H		±2	
4	对角线差 $\|L_1-L_2\|$		≤4	
5	曲线度		+10，-3	
6	扭曲 f		≤3	
7	锚拉板孔中心		±1	
8	吊杆锚箱中心线		±2	
9	平面度	腹板横向	≤4	
		腹板纵向	$h/500$ 且 ≤5	h 为腹板高度
		翼缘板横向	≤4	
		翼缘板纵向	$h/500$ 且 ≤5	h 为腹板高度

9.2.9 钢管拱节段成品尺寸的允许偏差应符合表9.2.9的规定。

表9.2.9 钢管拱节段成品尺寸允许偏差（mm）

序号	名称	允许偏差	简图
1	宽度 B	±5	
2	高度 H	±5	
3	横向对角线差 $\|L_1-L_2\|$	≤4	

续表 9.2.9

序号	名称	允许偏差	简图
4	拱肋内弧长度 L	0，-10	
5	节点板间距 L_3	±3	
6	纵向对角线差 $\|\triangle L_4 - \triangle L_5\|$	≤4	注：$\triangle L_4$、$\triangle L_5$ 分别是 L_4、L_5 的理论值与实际值的差值
7	内弧偏离设计弧线 f	≤8	
8	节段平面度 Δ_3	≤3	
9	吊杆位置与设计位置的偏差	≤5	
10	扭曲	≤8	

9.2.10 钢管墩节段成品尺寸的允许偏差宜符合表 9.2.9 的规定。

9.2.11 钢箱墩节段、钢盖梁节段成品尺寸的允许偏差应符合表 9.2.11 的规定。

表 9.2.11 钢箱墩节段、钢盖梁节段成品尺寸允许偏差（mm）

序号	名称	允许偏差	简图
1	长度 L、高度 H	±2	
2	宽度 B	±2	
3	对角线差 $\|D_1 - D_2\|$	≤4	
4	扭曲 δ	≤4	
5	横隔板间距偏差	±2	
6	旁弯	≤5	

9.2.12 钢箱梁、钢桁梁、钢板梁、钢塔和钢箱拱等的高强度螺栓孔、铆钉孔和主要零件上的螺栓孔孔径、孔距的允许偏差，应符合本规范第 5.6.3 条和第 5.6.4 条的规定。

9.3 检验

9.3.1 成品尺寸应符合本规范第 9.2 节的规定。

检验方法：采用直角尺、钢板尺、钢平尺、塞尺、游标卡尺、平台、拉线、钢卷尺、经纬仪、水准仪检查。

9.3.2 构件的内外表面不得有超标的凹痕、划痕、焊瘤、擦伤等缺陷，边缘应无毛刺。

检验方法：目视检查。

10 涂装

10.1 一般规定

10.1.1 钢结构桥梁的涂装应符合设计文件和现行《公路桥梁钢结构防腐涂装技术条件》（JT/T 722）的规定。

10.1.2 涂装前应编制专项施工方案，并应依据专项施工方案编制工序作业指导书。

10.1.3 涂装前，应对施工人员进行涂装施工的专业培训并考核。喷砂、喷漆等关键工序的施工人员应获得涂装工中级及中级以上的资格证书，特种作业人员和质量检验人员应具备相应的职业资格。

10.1.4 涂装施工所使用的设备和工具应保持良好状况、安全可靠。

10.1.5 涂装前，应对构件自由边的双侧倒弧，倒弧的半径应不小于2mm。

10.1.6 密闭箱形构件的内部宜不涂装。

条文说明

"密闭箱形构件"是指箱体成形封闭后内部空间较小，且箱体内部完全不与外界环境相接触的构件。

10.1.7 涂装完成后应对构件进行标识，且应待涂层干燥后再进行构件的存放。

10.2 表面处理

10.2.1 在喷砂除锈前，应对构件进行必要的结构预处理，并应符合下列规定：
1 应将粗糙的焊缝打磨光顺，对焊接所产生的飞溅物应清除干净。
2 切割边的峰谷差超过1mm时，应打磨到1mm以下。
3 表面有层叠、裂缝或夹杂物时，应对其进行打磨处理，必要时应先补焊再打磨。

10.2.2 构件的表面有油污时，可采用专用清洁剂对其进行低压喷洗或软刷刷洗，并应采用淡水枪将喷洗或刷洗后的所有残余物冲洗干净；也可采用碱液、火焰等进行处理，但在处理完成后应采用淡水将残留的碱液冲洗至中性。小面积的油污可采用有机溶剂擦洗。

条文说明

对表面油污的检查通常有两种方法。一是粉笔试验法，适用于非光滑的钢结构表面，做法是：对怀疑有油污污染的区域，采用粉笔划一条直线贯穿油污区域；如果在该区域内，粉笔线条变细或变浅，说明该区域可能被油污污染。二是醇溶液试验法，适用于所有钢结构表面，做法是：对怀疑有油污污染的部位，采用蘸有异丙醇的脱脂棉球擦拭，并将异丙醇挤入透明的玻璃管中；加入2~3倍的蒸馏水，振荡混合约20min；以相同体积的异丙醇蒸馏水溶液为参照，如果溶液呈混浊状，表明钢结构表面有油污污染。

10.2.3 钢材表面的可溶性氯化物含量应不大于$7\mu g/cm^2$，超过时应采用高压淡水冲洗。当钢材不接触氯离子环境时，可不进行表面可溶性盐分的检测；当不能完全确定是否处于氯离子环境时，应进行首次检测。

10.2.4 涂装前，应对构件的表面进行喷砂除锈，除锈等级和表面粗糙度应符合现行《公路桥梁钢结构防腐涂装技术条件》（JT/T 722）的规定。

10.2.5 喷砂除锈的磨料应采用清洁、干燥的钢砂、钢丸或其混合物或铜矿砂，其粒度和形状均应满足对表面粗糙度及清洁度的要求。

10.2.6 喷砂除锈完成后，应清除喷砂后产生的表面残渣，并应采用真空吸尘器或无油、无水的压缩空气，清理构件钢材表面的灰尘，清理后的表面清洁度应符合现行《涂覆涂料前钢材表面处理 表面清洁度的评定试验 第3部分：涂覆涂料前钢材表面的灰尘评定（压敏粘带法）》（GB/T 18570.3）的规定。

10.2.7 表面处理工序完成后，底漆宜在4h内进行涂装。当构件所处环境的相对湿度不大于60%时，涂装施工的时间可适当延长，但最长应不超过12h。在上述规定的时限内，若钢材的表面已出现返锈现象，则应重新进行除锈处理。

10.3 工厂涂装

10.3.1 工厂涂装应在室内的封闭条件下进行。

10.3.2 涂装施工的环境条件应与涂料产品说明书的要求一致，并应符合下列规定：

1 对溶剂型涂料，施工环境温度应为 5～38℃，空气相对湿度应不大于85%，且钢材表面温度应高于露点3℃。

2 对水性涂料，施工环境温度应为 5～35℃，空气相对湿度应不大于80%。

10.3.3 涂料的配制和使用时间应符合下列规定：

1 涂料宜采用动力搅拌装置经充分搅拌均匀后方可用于施工；对双组分或多组分涂料，应先将各组分分别搅拌均匀后，再按比例配制并搅拌均匀。

2 混合好的涂料应按产品说明书的要求进行熟化。

3 涂料的使用时间应符合产品说明书规定的适用期。

10.3.4 对已涂无机硅酸锌、无机富锌等车间底漆的构件外表面，在涂装底漆前，应采用喷砂方法进行二次表面处理；内表面的车间底漆基本完好，且涂装采用非富锌类底漆时，可不进行二次表面处理，但应除去表面的盐分和油污，并应将焊缝和锈蚀处打磨至现行《涂覆涂料前钢材表面处理 表面清洁度的目视评定》（GB/T 8923）规定的 St3 级。

10.3.5 涂装施工应符合下列规定：

1 涂装时，构件的表面不应有雨水或结露，也不得出现返锈现象，否则应重新除锈。

2 大面积喷涂时，应采用高压无气喷涂工艺，滚涂或刷涂仅在预涂或修补时方可采用；对无机富锌涂料应采用空气喷涂或无气喷涂，不得采用滚涂或刷涂。

3 对小面积、细长以及复杂形状构件的喷涂，可采用空气喷涂或刷涂。

4 对不易喷涂到的部位，宜采用刷涂的方式进行预涂装，或在第一道底漆后进行补涂。

5 当涂装材料对工艺有特殊要求时，应执行其规定。

6 各道涂层的涂装施工宜在 4h 内完成；当所处环境的相对湿度小于60%时，完成涂装施工的时间宜不超过 12h。

7 各道涂层的涂装间隔时间应满足材料的技术要求。

8 涂装施工完成后的 4h 内应对涂层的表面采取必要的保护措施。

10.3.6 对在施工过程中局部损伤的涂层，应先按本规范第 10.2 节的规定进行表面处理。当原涂层的底漆为环氧富锌涂料时，可直接作为新的底漆；当原涂层的底漆为无机富锌涂料时，则应补涂环氧富锌涂料作为新的底漆，再按原设计涂层补涂各层涂料。

10.4 工地现场涂装

10.4.1 工地现场涂装的环境条件除应符合本规范第 10.3.2 条的规定外，对构件接

涂 装

头的涂装和涂层的修补应在临时作业棚内进行，并应采取有效措施减少或避免对周围空气、水源等的污染。

10.4.2 构件和梁段的现场对接焊缝两侧各 50mm 范围内不宜在工厂涂装，宜待安装完成后进行，且该范围内的涂装总干膜厚度宜增加 10%。对该范围进行涂装时，应对与之连接的各层漆面进行阶梯状打磨，每层涂层的重叠长度应不小于 20mm，末道面漆的涂装范围宜为焊缝两侧各 150mm。

条文说明

焊接所产生的高温可能会损伤焊缝两侧的涂层，因此对接焊缝处一定范围内的涂装需要在现场安装后再进行。扩大受损处的涂装范围是为了保证受损部位全部得到修复，不致因施工偏差而遗漏。

10.4.3 在运输和安装过程中损伤的涂层应进行修复，并应符合下列规定：
1 对涂层的局部损伤部位采用机械打磨时，其除锈等级应达到 St3 级。
2 在对对接焊缝处局部损伤的涂层进行修复时，其补涂的范围应比受损的范围大 30mm。
3 当涂层有大面积损伤时，应对其进行重新喷砂、逐层修复。

10.4.4 在工地现场进行最后一道面漆涂装时，其施工应符合下列规定：
1 涂装前应对运输和安装过程中损伤的涂层进行修复处理。
2 对待涂表面，应采用淡水、清洗剂等进行必要的清洁处理，清除表面的灰尘和油污等。
3 应对涂层的相容性和附着力进行试验，涂装过程中有异常情况时应及时处理。

10.4.5 工地现场的风力大于四级时，不得进行涂装作业。

10.5 摩擦面处理

10.5.1 在工地用高强度螺栓或高强度环槽铆钉连接的构件，其连接部位的摩擦面可采用无机富锌防滑涂料或热喷铝进行涂装处理。

10.5.2 摩擦面处理后的抗滑移系数应符合设计规定，设计未规定时，摩擦面涂层的初始抗滑移系数应不小于 0.55，在工地安装前的复验应不小于 0.45。摩擦面抗滑移系数试验方法应符合本规范附录 G 的规定。

10.5.3 构件出厂后，摩擦面涂层抗滑移性能的保质期应为 6 个月；超过保质期后，应重新检验其抗滑移系数，合格后方可使用。

条文说明

摩擦面涂层的抗滑移性能保质期要求为 6 个月，与高强度螺栓的保质期是一致的，即构件在工地现场正常存放的情况下，摩擦面的抗滑移系数要求不小于 0.45。

10.6 检验

10.6.1 涂装施工前，构件的自由边应符合本规范第 10.1.5 条的规定。
检验方法：目视检查。

10.6.2 涂装施工前，构件表面的除油应符合本规范第 10.2.2 条的规定。
检验方法：目视检查。

10.6.3 涂装前构件表面的清洁度及粗糙度应满足设计条件。
检验方法：表面清洁度采用图谱对照检查，表面粗糙度采用粗糙度比较样板或粗糙度测量仪检查。

10.6.4 涂料品种、施工环境应满足设计及所用涂装材料产品说明书的要求。
检验方法：采用温度计、湿度计或摇表，露点仪等检查施工环境。

10.6.5 涂料涂层的表面应平整、均匀一致，无漏涂、起泡、裂纹、气孔和返锈等现象，允许有轻微橘皮和局部轻微流挂。金属涂层表面应均匀一致，不允许有漏涂、起皮、鼓泡、大熔滴、松散粒子、裂纹和掉块等，允许有轻微结疤和起皱。
检验方法：目视检查，采用涂层附着力拉拔仪检查。

10.6.6 涂层厚度应满足设计及所用涂装材料产品说明书的要求。每个测量单元应至少选取 3 处基准表面，每处基准表面应按 5 点法进行测量。干膜厚度可采用"85-15"规则判定，即允许有 15% 的读数低于规定值，但每一单独读数不得低于规定值的 85%。对于结构主体外表面，可采用"90-10"规则判定。涂层厚度达不到设计要求时，应增加涂装道数，直至合格为止。漆膜厚度测定点的最大值不得超过设计厚度的 3 倍。
检验方法：采用湿膜对比卡检查涂层湿膜厚度，采用漆膜测厚仪检查涂层干膜厚度。

10.6.7 涂料涂层附着力，当检测的涂层厚度不大于 250μm 时，各道涂层和涂层体系的附着力宜按划格法进行，且应不大于 1 级；当检测的涂层厚度大于 250μm 时，附着力试验宜按拉开法进行，涂层体系附着力应不小于 3MPa。用于钢桥面的富锌底漆，涂层附着力应不小于5MPa。

检验方法：划格法，拉开法等。

10.6.8 涂装完成后，构件的标识、编号应清晰完整。

检验方法：目视检查。

11 包装、存放与运输

11.1 一般规定

11.1.1 本章适用于构件在制造或涂装完成后的包装，成品在制造厂和安装现场的存放、转运，以及成品出厂至安装地点的运输。

11.1.2 构件的存放、转运、装卸和运输等应编制专项施工方案，并应符合相关安全管理规定。

11.1.3 构件在包装、存放、转运、绑扎、装卸和运输过程中，应采取有效措施，保证其不变形、不损伤、不散失和不被污染。

11.2 包装与标识

11.2.1 构件在制造或涂装完成后宜进行必要的包装，包装应在涂装的涂层干燥后进行。

11.2.2 对构件进行包装时，应根据构件的类型和特点，选择适宜的包装材料和包装形式。

11.2.3 构件的包装应符合下列规定：
1 大截面的工形和箱形构件、桥面板单元等可采用裸装。
2 细长构件应采用框架捆装，构件之间应加设垫层。
3 连接板应采用盘装，板件之间应加设垫层。
4 螺栓、铆钉、螺母和垫圈等较小零件应分类装箱，箱内应装塞紧密，并应采取防雨措施。
5 包装时应对连接部位的摩擦面进行保护。
6 当设计对构件的包装有特殊要求时，应符合其规定。

11.2.4 栓合发运的零件应采用螺栓拧紧，且每个孔群应不少于2个螺栓。

11.2.5 对桥面板单元的 U 形肋端口、锚管孔以及构件上的工艺孔等敞开部位，宜采用适宜的材料封闭，防止水和杂物进入构件内部。

11.2.6 构件或其重要部位的包装应有醒目标识，标识不得形成构件表面污染，也不得影响构件性能。

条文说明

构件的标识一般采用喷涂、吊挂或粘贴等方式设置，表现方式通常采用文字、图形、色彩和二维码等，以达到信息识别、标记和警示的目的。

11.3 存放

11.3.1 构件存放应提前进行场地规划，其布置应满足存放、移运及架设安装时的作业要求。对大型或大节段构件，其存放场地布置应结合移运通道和出运码头设置进行总体综合规划；对山区的钢结构桥梁，在工地临时存放构件时，其存放场地布置应根据现场实际与其他大型临时设施综合规划。

11.3.2 构件存放场地应平整、坚实、稳定、通风，应根据地基情况和气候条件设置必要的防排水设施，并应采取有效措施防止场地地基沉陷。

11.3.3 存放时，构件之间的空间或空隙应满足设备作业和人员活动的要求。

11.3.4 存放台座应坚固，其基础及地基应有足够的承载力和稳定性，且不得产生不均匀沉降。

11.3.5 构件存放时，支承点的位置与数量应符合设计规定；设计未规定时，应通过结构受力验算确定。构件在自重作用下不得产生永久变形。

11.3.6 构件存放应符合下列规定：
1 构件宜按移运或安装的先后顺序编号存放，且应分类码放整齐。
2 构件存放时，其支点处应采用垫木或其他适宜的柔性支垫材料进行支承，应避免其涂层受到损伤。
3 大节段构件在存放时，应设置足够的支承点，且支点应设在自重弯矩较小的位置，并应防止构件产生挠曲变形。
4 构件多层叠放时，各层之间应以垫木或其他适宜的支垫材料隔开，各层支垫位置应设在设计规定的支点处，上下层的支垫应在同一垂直面上；叠放时不宜过高，其高度宜按构件强度、台座地基的承载力、支垫材料的强度及叠放的稳定性等经计算确定，并应防止构件产生倾覆或变形损坏。
5　雨季或春季融冻期间，应防止地基软化下沉导致构件变形及损坏。

11.4　厂内转运

11.4.1　构件可采用轨道式龙门吊机、轮胎式龙门吊机或多轮胎液压平板车在制造厂内进行转运，且应预设相应的转运通道；大型或大节段构件可采用滑移方式进行转运。

11.4.2　转运通道的高度和宽度应有足够的安全距离，避免与其他物体发生碰撞、刮擦；转运通道的道路应平整、顺畅，地基应有足够的承载能力。

11.4.3　转运构件时，其吊点或支点位置应符合设计规定；设计未规定时，应根据计算确定。

11.4.4　采用多台液压平板车拼车转运大型或大节段构件时，在顶升脱离胎架过程中，应多点同步加载，且应避免单车过载或单点过载使构件产生局部永久变形。

11.4.5　采用滑移方式对大型或大节段构件进行转运时，滑道应设在坚固稳定的地基基础上，且应保持平整；滑移动力设施应经计算及试验确定；滑移过程中应防止构件受到损伤或产生永久变形。

11.4.6　起吊和转运时，构件及辅助件总质量不得超过起重机或转运设备额定承载能力。

11.5　装卸

11.5.1　装卸构件时，宜根据其结构形式、外形尺寸、质量以及装卸地点的地形特点等因素，确定适宜的装卸方式和装卸设备。

11.5.2　装卸大型或大节段构件时，应按装卸方式对构件进行相应的结构验算，采用的起重设备应满足构件装卸的承载能力和安全要求。

11.5.3　装卸起吊构件时，其吊点位置应符合设计规定；当需要在构件上设置临时吊点进行起吊装卸时，应对构件进行结构验算。

11.5.4　构件装卸作业应符合下列规定：
1　现场应具备足够的安全作业空间，避免构件产生碰撞、刮擦。

2 构件起吊宜在设计规定的吊点位置设置吊耳；利用螺栓孔进行装卸起吊时，应经受力验算通过后方可采用。
　　3 起吊构件时宜采用吊具和专用吊带，不得采用钢丝绳或钢抓直接接触构件进行起吊。
　　4 在运输设备上起吊或放置构件时，应保持其平稳、受力均匀。
　　5 装卸作业过程中，应保护构件的涂层。

11.6 运输

11.6.1 构件运输应编制专项方案，并应根据构件的形状、种类、质量以及桥位处地形和水域特点，确定适宜的运输方式、运输路线和运输工具。

11.6.2 构件采取公路运输方式时，应提前对运输路线进行现场实地踏勘，确认运输车辆能顺利通行；当有障碍时，应采取相应措施予以处置。

11.6.3 构件采取水上运输方式时，应提前对运输船舶需经过水域的特点及通航规则进行调查，并应据此确定运输船舶的类型和吨位。

11.6.4 构件运输所采用的运输设备应符合其额定承载能力，并应符合相应运输方式的安全管理规定，运输实施前应按规定办理相关手续。

11.6.5 构件在运输车辆和运输船舶上的装载应符合下列规定：
　　1 构件的支承应牢固、可靠，支承点的设置应考虑运输震动对构件产生不利影响，必要时应加密或对构件进行局部加固。
　　2 构件的装载应稳定，对高宽比较大的工形梁和不规则异形构件应采用辅助稳定的撑架，防止其在运输过程中倾倒。
　　3 钢箱梁宜按自然状态装载放置，避免变形。
　　4 开口槽型构件宜在两腹板之间设置剪刀撑予以加固。
　　5 对构件的焊钉连接件，装载时应采取可靠措施予以保护，避免在运输过程中与其他物体产生碰撞而损伤。
　　6 构件装载完成后，宜采用钢丝绳或其他适宜的材料将其固定牢靠，且应在钢丝绳下加设柔性垫层，防止损伤构件的涂层。

11.6.6 公路运输构件时应符合下列规定：
　　1 构件的尺寸与质量应符合道路及交管部门的限制要求，超长、超宽等大型构件运输的专项方案应经运输主管部门批准。
　　2 运输车辆的起步和运行应缓慢，平稳前进，严禁突然加速或紧急制动。

11.6.7 水上运输构件时应符合下列规定：

1 应按运输条件下的各种工况，对运输船舶的强度进行核算和加固计算，并应对船体进行必要的加固处理；同时应对船舶的稳定性进行安全验算。

2 水上运输时，构件装船后船舶的抗倾覆安全系数应不小于1.5，并应采取防止船体摆动的有效措施，保证构件在风浪颠簸中不移位。

3 对大型和大节段构件，应根据其构造特点采取可靠措施，保证水上运输安全。

11.6.8 运输构件时，不得使其在运输过程中产生任何形式的损伤及永久变形。

12 安装

12.1 一般规定

12.1.1 本章适用于钢结构桥梁在桥位现场的安装施工。

12.1.2 安装施工前，应根据桥位环境条件和桥梁结构及构件特点，合理选择安装方法，制定专项施工方案；当专项施工方案在实施过程中出现意外情况时，应进行修改或完善，并应按技术管理规定进行论证和审批。对各施工工序应编制作业指导书。

条文说明

依据《公路工程施工安全技术规范》（JTG F90—2015），钢结构桥梁安装中的大型临时工程，梁、拱、柱等构件施工和起重吊装工程均属于安全风险等级较高（危险性较大）的工程，需要制定专项施工方案。

12.1.3 应根据桥梁结构、施工条件、构件特点合理选择安装设备及配套机具；安装设备和配套机具应具有较好的适用性和足够的安全性，满足安装施工的需要。

条文说明

安装设备一般包括起重设备以及为配合构件的起吊、移位、就位、调整和固定等作业的其他机具。选择安装设备通常需要考虑桥梁结构、地形条件、构件特点、安装施工方法以及安全、环保、成本、工效等因素。起重设备有通用和专用之分，通用起重设备有汽车起重机、履带式起重机、门式起重机、起重船和塔式起重机等，专用起重设备一般指架桥机、桥面吊机、跨缆吊机和缆索吊装系统等；用于构件安装施工的其他机具有卷扬机、滑轮组、轨道车、移位器、钢丝绳、起重葫芦、吊钩吊具、卡环和各种千斤顶等。

12.1.4 对临时受力结构，应进行专项设计和安全性复核验算。对特别复杂的大型临时受力结构，应委托第三方进行复核验算。

12.1.5 安装过程中应进行安全风险管理，对作业活动、设备、人员、环境、设施和材料进行安全危险源辨识和风险评估，采取安全风险防控措施，制定应急预案，保证施工安全。对下列危险源或危险因素应制定安全技术措施：

　　1　起重吊装、水上、高空、受限空间作业、交叉施工、起重设备安装与拆除等作业；

　　2　各种支架（托架）、塔架（含地锚、风缆）、脚手架、栈桥、水上作业平台等临时设施；

　　3　起重设备、特种设备、机具、吊具、钢丝绳、结构用钢材等设备和材料；

　　4　特殊作业人员；

　　5　工地临时用电；

　　6　大风、暴雨、浓雾和洪水等。

条文说明

　　如果在安装施工中不对条文所列的危险源或危险因素加以防范，可能会导致安全事故，因此需要制定安全技术措施。

12.1.6 安装时应设置施工安全保护设施。安全保护设施宜采用标准化设计，且应与施工方案同步设计、同步实施、同步使用与维护。

条文说明

　　施工安全保护设施一般包括临边防护、通道防护、防坠网、安全绳、警示牌、机械及设备的超限保护器、防护罩、接地装置、临时用电保护装置、施工避雷装置、逃生通道等。

　　施工安全保护设施是安装施工中必要的安全保障，如果设置时间滞后，必然会造成部分施工环节的安全保障缺失，形成安全隐患。规定同步设计、同步实施、同步使用与维护，目的是使每一工序和每一步骤的施工作业均有安全保障，从而降低安全风险。

12.1.7 安装时应进行施工监控，使桥梁结构的内力和线形符合设计要求。对斜拉桥、悬索桥、拱桥、采用悬臂法施工的连续刚构桥和连续梁桥，以及采用顶推或转体方法施工的钢结构桥梁工程，应编制专项施工监控实施方案。

条文说明

　　施工监控是指在施工过程中对桥梁结构的内力、线形进行监测与控制，以保证结构安全、内力与线形符合设计要求。条文所列的应编制专项施工监控实施方案的桥型和施工方法，其结构及施工过程较为复杂，需要通过对施工的模拟分析、现场监测、误差识别与预测、反馈控制等工作，达到结构安全、内力与线形符合设计要求的目标。

12.1.8 安装时，未经批准不得对构件随意开洞、切割或焊接。安装时及完成后，应采取措施防止构件受到损伤、污染或锈蚀。

条文说明

对构件随意开洞、切割或焊接，可能会严重损伤结构，导致其强度降低。构件安装时及完成后，在交叉或后续的桥面防水、桥面铺装、防撞设施、机电和交通工程等专业的施工作业中，可能会造成构件及连接的损伤、涂装的破坏和污染、钢材的锈蚀等情况，因此需要采取措施加以防止，常用的措施有防护、包裹、覆盖或封闭等。

12.1.9 钢结构桥梁的安装施工除应符合本规范的规定外，尚应符合现行《公路桥涵施工技术规范》（JTG/T 3650）和《公路工程施工安全技术规范》（JTG F90）的相关规定。

12.2 施工准备

12.2.1 安装施工前的准备工作应包括技术准备、资源准备和现场准备等。安装施工正式开始时，各项准备工作应充分、到位。

12.2.2 安装施工前，应对施工测量控制网进行复测和加密，使其满足构件安装的测量精度要求；未经复测或不能满足测量精度要求时不得使用。

12.2.3 对重要、复杂的安装施工工艺，宜通过仿真或模拟试验验证其可靠性和安全性，必要时应进行现场工艺试验。

12.2.4 对专门设计的起重吊装装置等，应进行现场加载试验，并应符合设计要求。吊点及连接的形式、位置和方向应满足起重吊装工艺的要求。

12.2.5 对安装施工现场的组织管理，应确定各专业施工作业的内容和区域，且应明确职责和流程，责任到人，组织有序。起重安装作业应统一指挥。

12.2.6 安装施工使用的起重机械设备、运输设备及工具等应齐全、配套，并应经试车调试，保证其性能和状态满足施工要求。对专用设备和特种设备应完成验收和备案。

条文说明

特种设备是指列入《特种设备目录》中的设备，其验收要求通常包括：①进场设备符合合同的要求及相关的技术标准；②具备生产许可证、产品合格证和出厂检测报告；③安装和拆除由有相应资质的专业单位实施；④经现场检验、验收并按规定办理验收交接和使用许可。

专用设备是指虽未列入《特种设备目录》，但涉及施工安全、专门用于桥梁危险性较大的施工作业的设备。其验收一般是采用荷载试验或试吊等方法，检验其基础、构件或机构的受力和变形情况，以此判断设备的整体可靠性和安全性。检验通常遵循先局部后整体、先静态后动态、逐步加载的原则进行。

12.2.7 用于测量、试验和检测的仪器设备，其数量、规格和性能均应满足安装施工的要求，并应在检定周期内使用。

12.2.8 陆上安装时，应在施工前完成"三通一平"工作，场地功能区域的划分应合理，隔离、防护和警示等设施应完善。

12.2.9 水上安装时，应在施工前取得水上施工许可证；安装施工方案应得到相关管理部门的认可或批准；安装施工使用的船舶、平台、码头、通道、锚地及航道管理设施等，应齐备并验收合格。

12.2.10 安装施工前，应对已完工的墩台、索塔、拱座、钢混结合段、支座等基础部位的轴线、高程及桥梁跨径进行复测，且应与待安装构件的轴线、高程、纵横坡、边界尺寸等空间位置进行核对，确认其能满足安装作业和设计的要求。

12.3 支架上安装

12.3.1 本节适用于简支梁和连续梁的构件、拱桥的拱肋或梁的构件，以及斜拉桥索塔区梁和悬索桥无吊索区梁的构件在支架上分节段安装的施工。

12.3.2 用于构件安装的支架应进行专项设计，支架的设计和安装除应符合现行《公路桥涵施工技术规范》（JTG/T 3650）的相关规定外，尚应符合下列规定：

1 支架纵横向临时支点的高程应与构件底面的拼装线形基本一致，同时应考虑待安装构件的预拱度、支架受力变形和温度变形等因素；支架应具备构件就位后进行平面纠偏、高程及纵横坡调整的功能。

2 支架上临时支点的支承杆件、分配梁受力和构件的局部应力，应在材料设计强度之内；临时支点位置与施工设计规定位置的偏差宜不超过±20mm。

3 临时支座应水平设置，构件底部有纵坡或横坡时应采用楔形块调平，坡度较大时应将楔形块与构件底固定连接。

4 对支承斜拉桥和悬索桥构件的支架，其计算荷载应考虑桥面吊机、卷扬机或临时材料堆放等施工荷载；支架宜与桥塔等永久结构进行临时连接，增强稳定性。

5　施工作业处应设置通道、操作平台和安全防护设施。

6　跨路或跨航道布设支架时，应设置交通警示标志和防撞设施。在河道中设置的涉水支架应考虑防洪、防冲刷的要求。

7　当支架支承在软土地基或软硬不均的地基上时，宜通过预压或加大基础承载力等方式，消除不均匀沉降。

8　支架在使用前应进行安装质量验收；构件安装过程中应监测支架变形及地基沉降等情况，超过允许值时应暂停施工、查明原因并采取措施消除异常。

12.3.3　起重设备应符合下列规定：

1　采用汽车吊、履带吊单机吊装构件时，设备性能应满足起吊高度、作业半径、荷载及容绳量的要求；地基应有足够的承载力，作业空间应满足吊装作业的要求。采用双吊机抬吊构件时，单机的实际起吊重量不得大于其额定起重能力的80%；作业时双机应协调一致、同步起降。

2　采用龙门吊机吊装构件时，龙门吊机应由具有资质的专业生产厂设计及制造，并应具备良好的行走性能，能与待安装构件的尺寸、重量以及起吊高度等相适应。龙门吊机轨道的地基承载力应满足要求，基础应稳定坚固。

3　起重设备的实际吊装重量和工作状态不得超过其额定能力范围。

4　采用桥面吊机、缆索吊机、专用提升系统和起重船吊装构件时，应分别符合本规范第12.4.3条、第12.5.3条、第12.7.3条的规定。

5　起重作业应统一信号、统一指挥，缓慢启动，匀速起降。吊装过程中吊机的臂架与邻近支架、建筑或其他障碍物的间距应符合安全要求。

条文说明

1　双机抬吊作业如发生动作不一致或遇到意外情况，可能会导致其中的一台吊机受力过大而超过其额定起重能力，发生安全事故，故规定实际起吊重量不得大于吊机额定起重能力的80%，保证吊装作业的安全。

本条所述的起吊重量是指构件和吊索具的总重量。

12.3.4　支架上安装构件应符合下列规定：

1　构件应按设计或施工方案要求的顺序进行安装。

2　在起重设备能力足够的前提下，宜减少构件分段的数量，或通过采取预先组拼、扩大拼装单元的方式进行安装。

3　当构件过大或限于条件需将其横向分块进行起吊安装时，首次安装的块段应能自稳，否则应加设防倾覆装置；后续安装的构件应及时与已安装构件连接，形成稳定结构。

4　构件宜通过预拼装或采用匹配件的方式提高其安装精度。在安装过程中应及时对梁体进行纠偏，避免误差累积。

5　构件就位时，平面位置和高程的偏差应符合本规范第14.2.1条的规定。

6　对自身刚度较小的构件，安装时应加设临时固定杆件，防止其产生扭曲变形。

7　采用千斤顶顶升和下放构件时，应设置保护垛或使用自锁式千斤顶。

8　在支架上移动构件时，宜采用千斤顶、移位器、滑靴、轨道梁或滑道等专用工具，加力的支点或反力点宜设在轨道梁上；当采用支架以外的反力点移动或拖拉构件时，应对支架的强度、变形和稳定性进行验算。

9　在支架上栓接钢构件时，冲钉和普通螺栓的总数不得少于栓孔总数的1/3，且其中冲钉的数量不得多于2/3，其余栓孔应布置高强度螺栓并初拧，再逐步替换冲钉和普通螺栓。冲钉的直径应较栓孔设计直径小0.3mm，普通螺栓的直径应较栓孔设计直径小1.0mm，且其长度均应大于拼装板束的厚度。

10　在支架上焊接钢构件时，应先将构件准确定位并临时固定，定位时应预留焊缝焊接的收缩量和反变形量；焊接前，当构件的对接接口有间隙过宽、间隙宽度不一致、对接处钢板的错边量超差等问题时，应采用匹配件或定位件等临时工装对其进行矫正。

11　落架、体系转换和支架拆除应按设计及施工方案规定的方法和要求实施。对连续梁宜集中统一落梁。

条文说明

2　本款目的是充分利用吊装设备的能力，减少现场连接的工作量，这有利于连接质量控制，也能加快进度，但同时也要防止因构件过大带来的移运困难等问题。

6　自身刚度较小的构件，一般指钢桁梁、钢板梁以及开口钢箱梁等在未形成梁体之前的单个构件。这些构件通常横向刚度较小，容易在起吊时产生扭曲或翘曲，因此需要采取加固措施，防止变形。

7　规定本款的目的是防止千斤顶在支承时产生倾覆或泄压等情况，如果发生这些情况，可能会造成构件的失稳或倾覆。

10　钢梁构件尤其是钢箱梁的构件在支架上安装就位后焊接连接时，其焊缝在焊接后会产生收缩和变形，如果收缩量和变形量过大，可能会使钢箱梁的翼板外侧产生向上的翘曲，从而导致箱梁顶面横坡不足，因此需要预留焊缝焊接的收缩量和反变形量。构件在对接时其接口的偏差大是较为常见的现象，原因主要有：接口的边缘在切割或坡口加工时精度不够；焊接变形或在运输吊装过程中造成的接口处钢板变形；钢梁在预拼装时误差偏大等。因此除需要针对上述情况采取措施、减小制造时的误差、提高加工精度外，在安装连接时需要借助一些临时工装来对其进行矫正。

12.4　悬臂拼装

12.4.1　本节适用于梁桥、斜拉桥、拱桥的钢箱梁和钢桁梁，以及钢拱肋的悬臂拼装施工。

12.4.2 悬臂拼装的专项施工方案应根据构件的结构构造特点和施工的环境条件等因素进行编制，并应符合下列规定：

1 悬臂拼装施工的方法和工艺宜结合安装设备的选择综合考虑确定。

2 应对悬臂拼装施工过程中节段和梁体的受力进行模拟计算分析，计算所采用的施工荷载应与实际的重量和位置相符合，节段和梁体在各施工阶段的应力和变形应满足设计要求。

3 双悬臂拼装节段时应对称平衡施工，各工况下整体抗倾覆安全性应满足设计要求；单悬臂拼装节段时最不利工况抗倾覆安全系数应大于1.3。

4 拱肋采用斜拉扣挂法进行悬臂拼装时，扣塔宜在墩、台顶上拼装，且塔的纵横向宜设置风缆。扣索和背索宜采用钢绞线或高强钢丝束，且对投影面垂直的拱肋，各扣、背索的位置应与所吊挂的拱肋在同一竖直面内。钢绞线的安全系数应不小于2.0，钢丝绳的安全系数应不小于3.0；用于承受低应力或动荷载的夹片式锚具应具有防松性能。

5 斜拉扣挂系统设计时，应对可能出现的各种工况进行强度、刚度和稳定性验算；扣、背索及扣塔受力应满足拱肋受力及变形的要求，并应有足够的安全储备。

6 悬臂拼装应满足施工监控实施方案的要求。

7 悬臂拼装应避免在不利的大风或台风季节进行长悬臂状态下的施工和合龙施工；当无法避开时，应对主体结构采取临时支撑、加设风缆等稳定措施，保证结构在施工过程中的安全。

8 悬臂拼装施工处于台风、暴雨、高温等不利的气候条件下，或跨越公路、铁路和航道时，应采取针对性的质量安全保证措施。

条文说明

6 施工监控实施方案内容包括制造和安装阶段，通常在制造前完成编制，从制造阶段开始直到安装完成和交工验收，均需要按照监控方案进行施工。

12.4.3 悬臂拼装施工的设备应根据桥梁跨径、结构形式、工期要求和现场条件等因素进行选择，其数量和性能应满足施工的需要，并应符合下列规定：

1 起重设备的能力应满足构件吊装的要求，所有吊装工况均应通过安全性验算。配套所用的卷扬机、滑轮组、钢丝绳等机具和材料应采用状况良好的合格产品。

2 桥面吊机应符合下列规定：

1）桥面吊机应具有足够的强度、刚度和稳定性，且应满足构件吊装的高度及回转半径等要求。

2）安装桥面吊机时应进行平面布置设计和受力验算，锚固系统应安全可靠。

3）桥面吊机在工作和行走时，其抗倾覆安全系数应大于1.5。

4）悬臂拼装钢拱肋所用的桥面吊机除应具有足够的安全性外，其行走系统尚应适应拱圈外形和顶面坡度的变化。

3 缆索吊装系统应符合下列规定：

1）缆索吊装系统在工作状态和非工作状态时均应有足够的稳定性。

2）正常工作状态下，缆机的主副车自重、配重载荷和水平轮支承力所产生的稳定力矩，应大于小车、吊钩、主索、工作载荷等引起的主索张力和风载荷产生的倾覆力矩；非工作状态下，缆机的主副车自重、小车、吊钩和主索等引起的主索张力所产生的稳定力矩，应大于配重载荷和风荷载产生的倾覆力矩。

3）主缆宜采用钢丝绳，安全系数应不小于3；牵引绳的安全系数应不小于3；起吊绳的安全系数应不小于5；钢丝绳扣索的安全系数应不小于3，钢绞线扣索的安全系数应大于2；地锚安全系数应大于1.5；抗风缆绳安全系数应不小于2。

4）缆索吊装系统应设置电气保护、安全保护装置；牵引绳和起重绳严禁采用插接、打结等方法接长使用。

4 龙门吊机应符合本规范第12.3.3条的规定。

5 龙门吊机、桥面吊机和缆索吊装系统在使用前均应进行全面安全技术检查，并应进行1.25倍设计荷载的静荷和1.1倍设计荷载的动荷的起吊试验；试验应按先空载后重载、先静载后动载、逐级加载试吊的原则进行，起吊试验经验收合格后方可使用。

6 龙门吊机、桥面吊机和缆索吊装系统在使用过程中应设专人进行检查、检修和保养，发现异常时应停止使用，查明原因并及时处理，保证安装施工作业的安全。

7 采用起重船进行悬臂拼装施工时，起重船应符合本规范第12.7节的规定。

条文说明

悬臂拼装施工常用的起重设备包括龙门吊机、桥面吊机、缆索吊装系统和起重船等。龙门吊机通常用于在桥位现场的场地上将构件组装或组拼成安装节段，桥梁高度较小且在陆地上安装时，也可以用于悬臂拼装。桥面吊机是悬臂拼装施工时采用最多的起重设备，有斜撑桅杆式、步履式和回转式等多种形式，步履式桥面吊机用于梁桥和斜拉桥主梁的悬臂拼装时使用平面行走型，用于拱肋的悬臂拼装时使用爬坡式；回转式桥面吊机配置有270°或360°回转吊臂，可以分别将侧方或后方的构件吊移至悬臂前方进行安装。缆索吊装系统多用于拱桥拱肋的悬臂拼装施工，在某些特殊地形条件下也可以用于其他桥型的悬臂拼装施工。起重船一般用于流速不大、水位平稳且风力较小等环境条件的悬臂拼装施工。

3 本款参照《公路桥涵施工技术规范》（JTG/T 3650—2020）拟定。

12.4.4 悬臂拼装施工应按设计文件和施工方案规定的程序、步骤和要求进行，并应符合下列规定：

1 悬臂拼装施工宜按吊装就位、调整定位、复核坐标、临时固定、连接的顺序进行，其中复核坐标应包括复核轴线、里程和高程，对斜拉桥主梁尚应复核索力，坐标与索力应满足设计和施工监控的要求。

2 在同一墩或塔的两侧进行钢梁节段双悬臂拼装时应对称平衡施工,不平衡重量应控制在设计的允许范围内。相邻墩或塔的悬臂拼装施工进度宜保持基本同步。

3 钢桁梁主桁杆件的拼装顺序应满足设计要求,设计未要求时应左右两侧对称拼装成闭合三角形,并应尽快安装纵横向联结系,保证结构的空间稳定性。

4 栓接连接的钢桁梁在悬臂拼装施工时,连接处所需冲钉的数量应按承受荷载的大小经计算确定,但不得少于栓孔总数的50%,其余栓孔应全部或部分安装高强度螺栓。吊装钢桁梁构件时,起重吊钩应在构件完全固定后(梁段上安装50%冲钉和50%高强度螺栓,主桁杆件上安装50%冲钉和35%高强度螺栓,其余杆件上安装30%冲钉和30%高强度螺栓)方可松钩,松钩后应立即补足剩余栓孔的高强度螺栓并施拧。在已安装的高强度螺栓施拧后,再将冲钉分批替换成高强度螺栓并施拧,替换时一次拆卸冲钉的数量应不超过冲钉总数的20%。高强度螺栓连接副的安装和施拧应符合本规范附录H的规定。

5 采用栓接连接方式进行悬臂拼装施工时,所使用冲钉的公称直径宜小于设计孔径0.3mm,并应与制造厂试拼时的栓孔重合率相适应。冲钉在使用时应穿保险销,防止掉落。

6 采用焊接连接方式进行悬臂拼装施工时,构件或节段在对接时宜使用导向装置;钢箱梁宜采用组对匹配的连接件临时连接,允许误差应不大于1mm。临时连接的强度应依据所承受的荷载经计算确定,且起重吊钩应在构件或节段临时连接并完全固定后方可松钩。焊接连接应按设计要求的顺序进行,设计未要求时,横向应从中线向两侧对称进行。

7 拱桥的拱肋采用斜拉扣挂系统进行悬臂拼装时,锚固点、扣索和风缆的设置应满足设计方案要求,对其强度或承载力应进行检测,保证安全可靠。拱肋的安装应先从拱脚开始,依次向拱顶分段吊装就位;拱肋各节段的上端头均应通过扣索的调整使线形达到预拱度要求。

8 悬臂拼装施工过程中,应对各种临时荷载进行管理,使其位置、数量、加载时间等与施工方案一致。

12.4.5 采用桥面吊机进行悬臂拼装施工时应符合下列规定:

1 桥面吊机的前移应采用专门的牵引移动装置,牵引移动时应保持多点同步。桥面吊机前移就位后应在其后部进行可靠地锚固,锚固方式和措施应足以防止吊机在起吊构件或节段时产生倾覆。

2 悬臂拼装构件或节段时,桥面吊机的起钩应平稳,并应使各吊点受力均衡;起吊的构件或节段接近就位位置时,应缓慢减速使其略低于已有的梁体顶面,再对吊点位置进行微调,使构件或节段与已有梁体的边、纵对齐后,方可进行连接。

3 对斜拉桥主梁和采用斜拉扣挂法施工的拱桥拱肋,应在与已有梁体节段或拱肋节段连接完毕,并进行第一次挂索张拉后,方可进行桥面吊机的前移和拉索的二次张拉。拱肋的横撑宜与拱肋同时安装,必要时可加设临时横撑,保证拱肋的线形和安装过程中的稳定。

4　采用斜拉扣挂法悬臂拼装拱肋时，扣、锚索的位置和高程应符合设计规定。

5　桥面吊机在拱肋顶面移动时，应采取反拉钢丝绳或止推块等防滑动措施。

条文说明

桥面吊机的适用范围较广，而且类型也较多，双悬臂和单悬臂拼装构件均能适用。桥面吊机在悬臂拼装施工过程中，前移、锚固和起吊作业等是安全控制重点。

12.4.6　采用缆索吊装系统悬臂拼装施工时，除应符合本规范第12.4.3条的规定外，尚应符合下列规定：

1　采用缆索吊装系统进行跨江或跨线悬臂拼装施工时，应取得航道、海事、水上及跨线的施工许可。

2　缆索吊装系统安装前，应编制安装技术方案和安全操作规程。

3　缆索吊装系统在使用前应进行全面检验，并应进行整体式运转及试吊检查，确认全部满足设计要求后方可使用。

4　在悬臂拼装施工过程中，应对缆索吊装系统主索垂度、塔顶及锚碇位移、拱肋线形等项目进行监测。

12.4.7　采用起重船悬臂拼装施工时，应符合本规范第12.7节的规定。

12.5　提升安装

12.5.1　本节适用于钢塔、钢墩、钢盖梁、悬索桥钢加劲梁和大节段钢梁的提升安装。

条文说明

提升法一般指采用起重设备将构件或节段垂直提升就位进行安装，提升安装施工采用的起重设备通常有跨缆吊机、塔式起重机和专用提升系统等。跨缆吊机，也称缆载吊机，一般用于悬索桥钢加劲梁节段的垂直提升安装；钢塔属于高耸结构，其节段的安装需要有较大提升高度的起重设备，通常只有大型的塔式起重机才能满足其节段安装的要求；专用提升系统则多用于大节段钢梁的垂直提升安装施工，例如连续刚构桥中钢-混凝土混合梁的中跨大节段钢梁，就是利用设置在混凝土梁悬臂端上的提升系统将运至桥下的大节段钢梁垂直提升就位进行安装的。大节段拱肋也有采用专用提升系统进行垂直提升安装施工的工程实例。专用提升系统的组成主要包括支承架和提升机构，支承架有门式、悬臂式等多种结构形式，适用于不同的环境和条件；提升机构包括卷扬机或连续千斤顶等。钢墩、钢盖梁一般采用汽车吊、履带吊等定型设备安装。本节的规定主要针对上述几种安装施工方法。

12.5.2 提升安装的专项施工方案应符合下列规定：

1 提升安装施工的方法应根据桥梁的结构特点、设备的性能和作业效率、现场环境条件等因素综合确定；所采用起重设备的能力应满足提升重量和提升高度等的要求。

2 应对结构在施工阶段的受力状况进行分析和验算，并应控制已安装结构和待安装构件的应力和变形。提升安装过程中的临时结构体系应能承受结构自重、风以及偶然冲击等荷载的作用，必要时应增设临时支承或稳定缆绳。

3 利用永久结构作为提升的支承时，应就支承对永久结构所产生的影响进行分析和验算，控制永久结构的整体强度、变形及局部应力。

4 提升吊点低于构件或节段的重心位置时应进行抗倾覆验算。

5 采用多吊点提升系统时，应根据提升系统位移同步的控制精度，分析吊点的不同步效应；必要时，可采取分级加载和分级卸载进行控制，或设置平衡梁等措施，降低不同步效应的不利影响。

6 采用专用起重设备时，应进行专项设计和论证。

7 采用塔式起重机进行钢塔节段的提升安装时，应就塔式起重机的附墙等临时结构、风荷载、环境温度、日照对钢塔变形的影响等进行分析和验算；同时应分析钢塔节段安装时产生的竖向压缩变形对结构的影响，必要时，应根据影响的程度和钢塔的结构特点，采取预调高节段安装高程的措施。

条文说明

2 构件或节段在临时支承、提升和就位过程中的受力，与在成桥后的结构中的受力有较大差别，为保证施工阶段的结构安全，需要进行相应的结构分析和验算。

3 在实际施工中，有时会利用已施工完成的永久结构作为提升系统的支承，例如跨缆吊机一般利用悬索桥的主缆作为支承，大节段钢梁的专用提升系统通常会支承在已完成的混凝土梁或钢梁的悬臂端上，此时，永久结构将会承受较大的施工荷载，为保证结构的安全，需要对结构的受力状况进行分析和验算，并采取相应的措施。临时支承点是应力集中的部位，需要通过分析验算后进行局部加强。

5 提升或卸载时产生的不同步过大会引起偏载，影响施工作业安全，故有必要对此进行分析并采取相应的措施。

12.5.3 用于提升安装施工的设备应符合下列规定：

1 跨缆吊机和专用提升系统应进行专项设计，并应编制动、静载试吊方案，进行荷载试验。

2 跨缆吊机和专用提升系统应由具有资质的专业生产厂制造，并应有出厂合格证，由多家专业生产厂制造的关键部件应分别出具出厂合格证。

3 跨缆吊机和专用提升系统所用的卷扬机、滑轮组、千斤顶、油泵、钢丝绳、钢绞线、工具锚、吊具等机具和材料，应采用合格的定型产品。

4 采用液压提升系统进行提升安装施工时，各吊点液压提升油缸的额定荷载应不小于对应吊点荷载标准值的1.25倍；对受力复杂和不同步较为敏感的提升体系，宜不小于1.5倍。单根钢绞线的设计拉力值宜取破断拉力的25%～35%，特殊情况下应不超过其破断拉力的40%。由多个提升油缸组合的吊点，宜采用同一型号规格的提升油缸。

5 用于提升安装作业的钢丝绳和钢绞线应具备质量证明文件和抗拉试验复测报告；对重复使用的钢绞线，应检测其外径及夹片的啮合深度，并应根据钢绞线受荷的大小确定能否重复使用，当有硬弯、松股、断丝、肉眼可见的较深麻点锈蚀及被电弧灼伤时，不得使用。

6 对各种起重设备的提升系统，应具备在出现停电及有故障时能自动制动的安全保护功能。

7 塔式起重机应采用具有资质的专业生产厂制造的定型产品，并应有出厂合格证。

8 提升安装采用的汽车吊、履带吊、龙门吊等起重设备及使用应符合本规范第12.3节的相关规定；采用缆索吊装系统等时起重设备及使用应符合本规范第12.4节的相关规定；采用起重船进行提升安装时设备及使用应符合本规范第12.7节的规定。

9 所有起重设备在使用前均应进行全面安全技术检查；专用提升系统在使用前尚应对主要构件进行无损检测，经验收合格后方可投入使用。起重设备在首次吊装前均应进行试吊。

条文说明

1 跨缆吊机和专用提升系统一般是专门为提升单一、特殊的大型构件或大节段钢梁而设计，设计起吊重量大，对其进行一次性荷载试验的难度较大，故需要编制试吊方案以指导荷载试验，方案的内容需要涵盖从零件、构件到整体，从空载运转到首件安装的全过程，分步骤验证其安全性。

4 提升油缸的额定荷载是指油缸在额定压力下的承载能力，对受力复杂和不同步较为敏感的提升体系，将提升油缸的额定荷载取高值，是为了保证提升能力，防止意外因素的干扰而影响提升施工。通常情况下，单根钢绞线的设计拉力值取破断拉力的25%～35%时，锚具夹片与钢绞线之间的自锁作用较强且能灵活脱锚，钢绞线拉力值过小时锚具夹片与钢绞线在低应力下的自锁作用较弱，过大则脱锚不灵活，考虑到钢绞线提升时受挤压作用，其受力不同于单纯受拉，拉力值需要大些，但又不能过大，因此规定钢绞线的设计拉力值不超过其破断拉力的40%。

9 对专用提升系统主要构件进行无损检测，是为了保证构件的强度和吊装的安全。试吊是为了检验起重设备的系统安全性和可靠性，是保证提升作业安全的重要措施。

12.5.4 提升安装施工作业应符合下列规定：

1 提升作业前，应在已安装结构和待提升的构件或节段上分别做好定位标记，清除构件表面的油污、泥沙等杂物，排除提升通道的障碍，并应对提升系统、提升吊点、加固部位和导向限位等进行检查和验收。

2 宜选择在风力、能见度和气温等各项指标较好的气象条件下进行提升作业。

3 提升时应对各关键部位的应力应变、结构变形及基础沉降等进行监测。

4 构件或节段移运到桥下时应保证垂直提升。采用荡移法或其他有特殊需要的斜向提升时，应根据专项施工方案规定的允许偏差进行控制。

5 在桥下组装构件时，提升作业应在构件与胎架之间的连接解除之后进行，且宜通过分级加载的方式进行试提升；宜将构件吊起200～300mm高度后悬停，对吊点、吊具和绳索等进行全面检查，确认无异常后再正式提升。

6 多点提升时，应对提升过程中各提升点的负荷、高差等进行监测，实测偏差应在允许范围内。

7 用于保证提升系统结构稳定的缆风绳在提升作业过程中不得进行拆除、转换。

8 将构件提升到设计位置后，应对其进行平面位置和高程的校正，并应及时固定，防止构件失稳或倾覆。

9 提升安装过程中的高空作业、交叉作业应遵守相关的安全规定。

条文说明

1 钢丝绳、钢绞线、吊装带、卸扣、吊钩和吊具等在使用过程中可能存在局部的磨耗或其他缺陷，使用时间越长存在缺陷的可能性越大，因此需要在作业前进行检查，使其在额定许用荷载的范围内使用；电气液压系统、安全装置等也需要在作业前对其可靠性进行检查，以保证提升作业的安全。

4 通常情况下，构件的起吊需要保持垂直提升，以防止被提升的构件在脱离支承时产生过大的晃动或冲击。悬索桥施工中的荡移法以及专门设计的多点转向提升、空中斜向移运提升等是经特殊设计的工艺，提升吊点与提升点并不在铅垂线上，需要依据设计允许偏差进行控制，防止受力超过要求。

5 试提升的目的是检验提升系统和被提升构件的安全性，提升加载一般按20%、40%、60%、80%、90%、95%、100%的荷载比例分级加载；当提升船上的构件时，为减少构件与台架碰撞，可以减少分级。

6 多点提升时容易产生不同步现象，会影响结构和施工的安全，因此需要进行监测。

7 对提升系统中高耸的塔架或门架，为保证侧向稳定，通常会在其顶部加设缆风绳，并分级对称施加预拉力使其达到一个相对平衡状态，如在提升过程中对缆风绳进行拆除或转换，容易使架体产生较大的不平衡力，严重者会导致架体坍塌，借鉴以往发生类似事故的教训，本款予以强调。

12.5.5 钢塔节段的提升安装作业除应符合本规范第12.5.2条～第12.5.4条的规定外，尚应符合下列规定：

1 安装首节钢塔节段时，应采用定位支架、垫块和限位板等进行辅助定位，校正合格后应及时连接固定。

2 吊装节段时，应设置节间定位导向装置及节间匹配锁定装置。节段就位、连接施工作业应在作业平台上进行。

3 每一节段安装后应形成稳定结构，并应在完成连接确认结构安全后方可安装下一节段。

4 钢塔节段在安装过程中应进行监测，控制结构的变形和偏位，保证结构的安全及钢塔的最终线形。

5 钢塔每一节段的定位轴线应从基准控制轴线的转点引测，不应从相邻下节钢塔的轴线引测；应对风荷载、环境温度和日照、自重对结构变形的影响进行分析，并应采取措施减小或消除其影响。

条文说明

1 首节节段是钢塔的基准，安装精度要求较高，所以有必要采取辅助定位措施。

5 要求每一节段的定位控制轴线从基准控制点进行引测，是为避免产生累积误差。风荷载、环境温度和日照等因素对钢塔结构的变形影响较大，因此需要对这些影响进行必要的分析，并采取措施抑制这些影响。

12.5.6 钢墩、钢盖梁的提升安装作业除应符合本规范第12.5.2条~第12.5.4条的规定外，尚应符合下列规定：

1 采用汽车吊、履带吊等起重设备安装前，应对地基承载力进行验收。

2 安装钢墩、钢盖梁时，宜设置定位导向及调节装置。

3 钢墩、钢盖梁安装就位并完成连接确认结构安全后，方可解除吊钩。

4 安装过程中应监测钢墩和钢盖梁的位置、高程及垂直度。

5 高空作业宜采用专用高空作业车，或设置具有外围护的操作平台及连接可靠的上下通道。

12.6 顶推施工

12.6.1 本节适用于等截面钢梁的顶推或拖拉就位施工。

12.6.2 钢梁顶推或拖拉的专项施工方案应符合下列规定：

1 应根据设计图纸分析计算施工所需的顶推力、拖拉和制动牵引力、各支点反力，以及钢梁的应力、稳定性和悬臂挠度等；钢梁处于竖曲线时，应计入纵坡变化的影响。

2 应合理布置拼装平台、顶推平台、临时墩和支承等设施；对主要临时结构应进行专项设计，在不同受力状态下的强度、刚度和稳定性应满足使用要求。

3 钢梁的拼装平台应具备纵坡调整的功能；应使待拼装钢梁节段能与顶推梁体尾端的转角顺接，保证钢梁梁体的线形与制造线形一致。

4 当需要设置临时墩时，其数量和位置应按顶推跨径的要求确定。临时墩应满足承载、梁体纵横向移动和高程调整的要求，在平曲线上顶推施工时，尚应适应曲线半径较小时产生的横坡和横向超宽。在水中设置临时墩时，其基础应考虑水流的冲刷作用以及可能出现的流冰、洪水作用。

5 在桥梁墩台附近设置顶推用千斤顶的支承架时，宜将其支立在承台顶面，且宜与墩台身进行临时连接固定，增强稳定性；对高支架则应控制水平力作用下的变形。

6 顶推所用的导梁宜采用变截面钢桁梁或钢板梁，且宜分段设计、分段采用栓接连接方式拼装；导梁的长度宜为顶推跨径的 0.6~0.8 倍，前端的最大挠度应不大于施工设计的规定；导梁与钢梁梁体连接处的刚度应协调，连接强度应满足梁体顶推时的受力要求。

7 导梁应由具有资质的专业生产厂制作加工，并应在厂内完成预拼。导梁节间的拼装应平整，其中线偏差应不大于 5mm，纵、横间底面的允许高差为 ±5mm。

8 导梁与钢箱梁连接时，连接接头范围内钢箱梁的 U 形肋、纵隔板加劲肋可暂时不焊接连接，待钢箱梁顶推到位、导梁拆除后再在现场进行焊接。

9 直线顶推时，导梁的拼装线形可与钢梁梁体的线形保持一致。平曲线顶推时，导梁宜为直线，在与钢梁梁体的连接处设折角，并宜将导梁前端的中心落在桥梁设计线形的中线上；顶推施工时梁体宜沿设计线形前行。

10 钢梁在制造时应根据现场拼接的要求，在梁体节段上设置匹配定位的标记和匹配组对件，定位标记和匹配组对件的精度应不超过 1mm。

11 顶推过程中应采取措施保护钢梁的防腐涂层。

12.6.3 顶推施工所用的设备应符合下列规定：
1 同一顶推工程宜采用同一型号的顶推设备进行施工。
2 对多点式顶推施工，在每个支承墩的墩顶均应布置两台连续千斤顶。
3 采用步履式顶推方式施工时，应配备三向千斤顶，并应根据计算分析确定千斤顶的台数、顶升能力及行程距离。单台千斤顶的承载能力应不小于最大反力的 1.2 倍，步履式顶推系统的同步精度应不低于 5mm。
4 用于钢桁梁顶推的设备宜具有跟随桁梁节点前移的功能，桁梁受力点宜设置在节点位置。
5 顶推设备宜采用计算机自动控制系统。
6 顶推设备进场时应进行验收，并应编制设备操作规程。

12.6.4 顶推施工作业的一般要求应符合下列规定：
1 钢梁应在平台上进行拼装，拼装线形应满足设计或监控的要求。
2 支承架安装完成后，应经检验合格后方可投入使用；对位于软弱地基处的独立支承架，在顶推前可进行预压检验，必要时宜沿顺桥方向采取钢丝绳捆绑、设置撑拉杆等措施，增加其纵向稳定性。

3 钢梁与顶推设备之间的支承处宜设置橡胶垫块或其他适宜的缓冲材料，并应防止不当的支承方式导致构件局部应力的超标。

4 钢梁在竖曲线上顶推时，拼装台座及过渡段应处于同一圆弧曲线内，梁体的拼装曲线应满足设计要求；沿平曲线顶推钢梁时，梁体应满足设计要求的平面线形。

5 正式顶推施工前，应先进行预顶调试，全面检验顶推系统的性能和可靠性，满足要求后方可按设定的顶推力和行程进行顶推作业。

6 采取多点方式顶推施工时，导梁前端到达并支承于前方的桥墩或临时墩后，应及时使该墩上设置的连续千斤顶参与顶推作业，尽早实现多点顶推。

7 多点顶推时，应对顶推千斤顶的同步性进行集中控制，并应对顶推过程中的顶推力或行程突变等情况进行监测、预控和调整。

8 顶推时应使梁体保持匀速前移，并应保证对称和各点同步。顶推过程中，应及时纠正梁体在横向和竖向的偏差，应力和变形不得超过设计或施工监控允许的范围；顶推完成一孔或一联后，应对梁体进行一次线形复核。

9 顶推时至少应在两个墩上设置保险千斤顶。宜在墩台顶上设置导向装置，防止梁体在顶推过程中产生偏移。顶推过程中，宜对梁体的轴线位置、墩台的变形、主梁及导梁控制截面的挠度和应力变化等进行施工监测；发生异常情况时，应停止顶推，查明原因并进行处理后方可继续施工。

10 对钢梁梁体进行最后一次顶推时，千斤顶宜采取小行程点动，使梁体能精确就位。

11 顶推到位后的梁体在落梁时，应根据钢梁的受力情况，对分批落梁的次数和顺序进行控制；曲线梁落梁时，应控制曲梁的几何偏心扭转。

12.6.5 单点和多点顶推作业除应符合本规范第12.6.4条的规定外，尚应符合下列规定：

1 拼装平台和临时墩的顶面均宜布置滑道，且宜在滑道顶面涂硅脂或其他适宜的润滑材料减小其摩擦系数；滑道的侧面宜布置侧向限位导向滑轮和横向水平千斤顶，防止钢梁梁体在顶推过程中产生偏移，以及在产生偏移后进行横向纠偏。应控制钢梁构件底部与滑道接触位置的应力，必要时应对构件进行局部补强，防止其局部受力过大产生变形。

2 牵引钢绞线的数量应根据考虑安全系数后的牵引力确定，下料长度应根据牵引长度、支承墩长度、油缸工作长度、固定端工作长度和张拉端预留长度等确定。

3 顶推过程中应保证滑道上的滑板完好平整，排列紧密有序，钢梁与滑道间不得脱空，滑板损坏时应及时更换。

4 顶推过程中，当钢梁中线偏位超过40mm时应进行纠偏。

12.6.6 步履式顶推施工作业除应符合本规范第12.6.4条的规定外，尚应符合下列规定：

1 拼装平台的长度宜不小于 3 个钢梁节段的长度,同时应满足顶推配套设备的布置、人员操作及钢梁节段连接作业等要求。拼装台座的顶面高程应以钢梁的竖向线形为准进行设置。

2 多点步履式顶推施工的设备宜布置在各个顶推点上,桥梁左右幅两侧的每两套顶推装置中间宜布置 1 台液压泵站,主控台宜设置在拼装平台上。

3 顶推设备安装完成后,应对其进行全面调试,应保证手动和自动两种模式在工作状态下均能正常运行,且系统在自动模式下各千斤顶应满足协调性和同步性的要求;对所有设备的纵向轴线均应进行测量与标定,并应保证顶推时能与钢梁梁体的轴线保持平行。

4 顶推过程中,宜按"分级调压,集中控制"的原则对顶推的进程进行控制;对竖向偏差的调整宜以支点反力控制为主、高程控制为辅。

12.6.7 拖拉法施工除应符合本规范第 12.6.4 条的规定外,尚应符合下列规定:

1 正式拖拉施工前应进行试拖拉,并应检测牵引动力系统的机械性能和启动牵引力。

2 水平牵引拖拉时应保证对称、同步,且应能拉动梁体匀速前移。当滑道的纵坡为平坡或下坡时,应设置反向卷扬机作为牵引拖拉的制动装置。

3 钢梁梁体的中线相对于设计中线的偏移值应不大于 50mm,且前后端不应同时偏向设计中线一侧,否则应进行纠偏。

4 在曲线上拖拉钢梁时,墩台的承载力和宽度应满足安装要求。牵引拖拉时,单孔梁的拖拉中线可取桥梁设计中线;多孔梁的拖拉中线可取设计中线的平均值或采用接近的梁跨中线,纵向拖拉到位后再横移到位。

12.7 整孔与大节段安装

12.7.1 本节适用于采用架桥机、起重机或起重船对整孔钢梁与大节段钢梁进行安装的施工。

12.7.2 整孔与大节段钢梁的安装施工除应符合现行《公路桥涵施工技术规范》(JTG/T 3650)和本规范第 12.1 节、第 12.2 节的规定外,尚应符合下列规定:

1 编制安装方案时应进行专项设计,并应根据安装的顺序或步骤对钢梁结构进行施工受力和体系转换的计算分析;钢梁的受力和变形应控制在允许范围内;起重设备和吊具等均应满足安全要求。

2 应选择适当的时间段和环境条件进行钢梁的安装、连接或合龙施工,并应采取相应的技术措施减小环境温度、风、浪、水位和水流变化等对吊装施工安全的影响。

3 起吊安装时,最大起重量应不大于起重设备的额定能力。

4 采用起重船安装施工时,桥址作业区应具备通航条件,且通航水深和施工作业面应能满足大型起重船舶施工的要求。

12.7.3 整孔与大节段钢梁安装施工所采用的设备应符合下列规定：

1 应根据钢梁的结构形式、桥梁跨径大小、安装施工方法、工程进度要求和现场条件等因素选择安装设备，设备的数量和性能应满足施工的需要。

2 整孔与大节段钢梁安装施工所用的架桥机应是由专业厂设计生产的定型产品，状况良好，并应有出厂合格证。架桥机在安装作业时的抗倾覆稳定系数应不小于1.3，过孔时的抗倾覆稳定系数应不小于1.5。

3 起重船应具备船舶证书，符合船舶管理规定，并应根据钢梁吊点距离及重心偏离、施工水域船舶通航、风、水流、波浪等因素进行安全性验算；起重船在首次吊装前应进行试吊。

4 采用两台起重机或起重船进行联合作业时，宜选择负荷能力相同或接近的设备，分配给单起重机或起重船的重力不得超过其允许起重力的80%；钢梁及吊具总重力不得高于两起重机或起重船额定起重量之和的75%，并应采取措施保证各起重设备的同步性。

5 吊具应经无损检测并定期检查。

12.7.4 整孔与大节段钢梁安装施工作业应符合下列规定：

1 安装作业应按施工方案规定的顺序和步骤进行，一孔或一个大节段钢梁的安装宜在一天内完成。

2 多吊点安装时，各吊点受力的相对偏差值应在允许范围内，且钢梁的移动加速度应控制在$0.1g$以内。

3 钢梁在起落过程中应保持水平；在接近安装位置时，钢梁底部应高于支座500mm以上，在支座的正上方缓慢下放。临时支承钢梁时，临时支座的形式和位置应符合专项方案的设计规定，梁底与支座应密贴，各临时支座顶面的高差不得超过4mm。

4 应根据钢梁的结构特点和安装施工方法对安装过程进行监测和控制，监测的内容宜包括钢梁的移动位置、移动速度、运动同步差及牵引力、关键部位的应力应变、结构变形、环境参数等，监测的各项指标应在方案设计的允许范围内。

条文说明

1 整孔和大节段钢梁安装施工时，不利环境对安全的影响程度与作业持续时间有关，时间越长，不利影响越大；跨越航道、道路时，安装时间受限，一般不具备设置应急停留的条件，所以整孔与大节段钢梁的安装施工需要选择各种环境条件比较有利的时间段，尽快完成，以降低风险。

2 整孔与大节段钢梁的安装质量较大，瞬时加速会对安装设备和支承等产生较大的冲击，因此需要加以控制。

12.8 转体施工

12.8.1 本节适用于钢拱肋和钢塔的转体施工。

条文说明

转体施工通常有平转、竖转和平竖结合等方式，平竖结合又可以分为先平转后竖转和先竖转后平转两种方式。钢拱肋的转体可以采用平转方式，也可以采用竖转方式，或采用平竖结合的组合方式；钢塔的转体则多采用竖转的方式进行施工。对某些特殊的地形条件，当其他的施工方法受到一定限制时，转体施工具有较好的适用性。

12.8.2 转体施工除应符合现行《公路桥涵施工技术规范》（JTG/T 3650）的规定外，尚应符合下列规定：

1 编制专项施工方案时，转体施工的方法应根据桥梁结构的特点、地形条件、工期要求和设备等情况综合确定。
2 应对结构转体的各个施工工况进行分析验算；应对转盘结构、锚固、转动和位控系统等进行专项设计。
3 利用提升架或塔架竖转时，提升架或塔架应进行专项设计，并应符合本规范第12.4节、第12.5节的相关规定。
4 转体前的水平向、斜向构件应在支架上组装，其支架及组装应符合本规范第12.3节的规定。转体前的竖向构件组装应符合本规范第12.5.5条的规定。

12.8.3 转体施工所用的设备应满足施工要求，并应符合下列规定：

1 千斤顶、卷扬机等设备的最大工作负荷不宜超过设备额定工作能力的80%，且在使用前应对油表、张力测力仪和起重力限制器等计量器具进行标定。
2 千斤顶、卷扬机等设备应有过载保护装置。
3 用于测量拉力和位移的设备应满足施工要求的量程和精度。
4 利用提升架或塔架竖转时，液压提升系统、卷扬机、滑轮组等应符合本规范第12.5.3条的规定。

12.8.4 转盘结构、锚固系统、转动系统和位控系统等应符合下列规定：

1 平转转盘、竖转铰结构宜由专业制造单位加工制作，并应满足设计要求。
2 锚固系统应安全可靠，锚碇的抗拔、抗滑安全系数应不小于2。
3 平面转动系统应在转动支承之外设置防倾保护；牵引系统宜选用同步、连续液压千斤顶，且千斤顶的牵引力宜为阻力的1.5~2.0倍。竖向转动铰的强度安全系数应不小于2。
4 位控系统除应设置必要的转体限位、微调装置外，尚应设置测力装置、测量变形装置和测量转体平衡装置。钢塔竖转时,应设置八字形反向拉索,防止转动时的横向偏位和竖直时的过位失控。

5 采用塔架或提升架竖转施工时,拉索和扣索应选用钢丝绳或钢绞线,钢丝绳的安全系数不得小于6,钢绞线的安全系数不得小于2。塔架应有临时锁定拉索的装置;提升架应有临时固定构件的装置。

12.8.5 构件的拼装和连接应按设计要求的顺序进行;设计未要求时,宜从转盘结构处向另一端依次顺序安装。

12.8.6 转体施工作业应符合下列规定:

1 平转所用的活动铰支座进场时,应对支座弧形板的粗糙度、椭圆度、平整度以及构件的相对位置进行测量验收;应结合制造误差确定安装的确切位置,使其达到设计精度要求。

2 转体施工作业转动前应进行试转。平转时的角速度宜不大于0.02rad/min,或桥体悬臂端的线速度宜不大于2.0 m/min;竖转的速度宜控制在0.005~0.01rad/min范围内。

3 利用提升架或塔架竖转时,施工作业应符合本规范第12.5.4条的相关规定。

4 转体作业时应统一指挥、统一信号、统一行动;各部位的操作人员在未得到指令或指令不明的情况下严禁操作;转体作业应采用计算机自动控制系统。

5 平转过程中应对转动体系、锚固点和动力系统等实时检查;竖转时应对扣索、锚索、转盘、钢塔的应力和位移等进行跟踪监测。监测数据超过方案设计允许值时应暂停施工,采取措施消除异常后方可继续施工。

6 转体施工时,转动影响区域10m范围内应无其他障碍物。

7 大风、大雨、浓雾、寒冷等恶劣天气条件下不宜进行转体施工。

13 工地连接

13.1 一般规定

13.1.1 本章适用于构件在桥位现场的焊接连接、摩擦型高强度螺栓连接和摩擦型高强度环槽铆钉连接的施工。

13.1.2 构件在工地连接的顺序应符合设计规定，且工地连接应在构件就位、固定并经检查合格后进行。

13.1.3 构件采用焊接与高强度螺栓混合连接时，宜先初拧高强度螺栓再焊接，待焊缝经检验合格后再进行高强度螺栓的终拧。

13.1.4 构件采用焊接与高强度环槽铆钉混合连接时，宜先进行高强度环槽铆钉的连接，再进行焊接。

13.1.5 工地连接施工宜在施工操作平台上进行，操作平台应满足安全作业要求。高处作业时应遵守相关的安全操作规程。

13.2 焊接连接

13.2.1 工地焊接连接时的环境要求应符合下列规定：

1 工地焊接时应设防风、防雨和防冰雪设施，遮挡全部焊接处，形成受保护的焊接作业区。焊件表面潮湿或暴露于雨、冰雪中时严禁焊接。

2 气体保护焊作业区的最大风速应不大于2m/s；焊条电弧焊和自保护药芯焊丝电弧焊作业区的最大风速应不大于8m/s。

3 焊接作业区的相对湿度应小于80%。

4 焊接时作业区温度宜不低于5℃；当作业区温度低于5℃但不低于-10℃时，应采取加热或防风保温措施，同时应预热焊缝100mm范围内的母材不低于20℃或工艺规定的其他预热温度，并在焊接后缓慢降温。

5 在环境温度低于-10℃下实施焊接作业时，必须进行相应环境条件下的焊接工艺评定试验，确认焊接条件和工艺后再进行焊接；不符合上述规定时，严禁施焊。

　　6　在箱梁等狭小空间内焊接时应采取有害气体检测及通风换气的安全措施。

条文说明

　　工地焊接时，大气环境的风、温度、湿度等变化大、变化快，是影响焊接质量稳定的主要因素。通常优先采用防风、防雨和防冰雪设施构成作业区，形成符合工艺要求的小环境，保证质量稳定。受工地条件所限，某些部位的焊接即使采取防护措施，仍难以达到较好的环境条件，故规定采用预热、缓冷措施，或进行相应条件下的焊接工艺评定确定焊接条件和工艺。

13.2.2　焊接工艺及质量检验应符合本规范第7章的相关规定。焊接作业尚应符合下列规定：

　　1　焊接的作业条件应符合现行《焊接与切割安全》(GB 9448)的有关规定。焊工应持证上岗。

　　2　构件精确调整就位、固定并经检查合格后方可施焊；施焊应严格按焊接工艺的要求进行。

　　3　焊缝区域的表面和两侧应均匀、光洁，不应有毛刺、裂纹和其他对焊缝质量有不利影响的缺陷，且不应有影响正常焊接和焊缝质量的氧化皮、铁锈、油污、水分等污染物和杂质。焊接应在除锈后的12h内进行。

　　4　焊接坡口尺寸应满足工艺文件的要求。焊接前应对接头坡口、焊缝间隙和焊接板面高低差等进行检查。

　　5　工地定位焊焊接时预热温度宜高于正式施焊预热温度20~50℃。

　　6　在进入封闭空间前，应通风并进行可燃气体、有害气体和氧气含量等测试，确认空气满足要求后方可进入作业。在箱梁内等狭小空间焊接时，应保持通风，防止可燃、有害气体超标。

13.3　栓接连接

13.3.1　高强度螺栓连接副的安装施拧应符合本规范附录H的规定。

13.3.2　高强度螺栓连接副应按批配套进场，存放、保管、领取和使用应制定相应的管理办法。

13.3.3　高强度螺栓连接副的存放和保管应符合下列规定：

　　1　应按种类、牌号、规格和批号分类保管，不得混淆；应建立库存明细表或台账，且应由专人负责管理。

　　2　工地存储时，应在干燥、通风、防雨、防潮、防污染的仓库内架空放置，不得直接置于地面上存放。

3 在工地存储的时间宜不超过6个月；超过6个月时，应重新做扭矩系数试验，合格后方可使用。

4 在安装使用前严禁随意开箱。

13.3.4 高强度螺栓连接副的领用应符合下列规定：

1 应按当天施工需要使用的规格和数量，由专人负责进行领取，并应履行领用手续。

2 宜整箱领用，零数部分宜采用布袋装取，且在使用前不得拆除其塑料包装。

3 领用时不得以短代长或以长代短。

4 领用和搬运过程中，应轻拿轻放，不得损伤螺纹。

13.3.5 高强度螺栓连接副的使用应符合下列规定：

1 开箱后，应核对螺栓的直径和长度。

2 使用前应对其进行外观检查，螺纹无损伤、表面油膜正常且无污物沾染的方可使用。

3 在使用过程中，不得在施工现场随意堆放，且不得使其遭受雨淋、接触泥土和油污等。

4 当天未用完的高强度螺栓连接副，应及时装回干燥、洁净的包装箱内并封闭，妥善保管，不得散落、随意堆放。

13.3.6 栓接连接的施工环境应符合下列规定：

1 当环境温度低于 -10℃，或摩擦面潮湿，或暴露于雨雪中时，不得进行高强度螺栓连接副的安装和施拧施工作业。

2 高强度螺栓连接副受火焰作用时，应采取隔热或降温措施予以保护。

条文说明

2 高温环境可能会引起高强度螺栓预拉力的松弛，因此终拧后的高强度螺栓连接副在受到周围高温作业影响时，需要采取隔热或降温措施进行保护。

13.3.7 工地栓接连接时，构件摩擦面的抗滑移系数应符合下列规定：

1 由制造厂处理的构件摩擦面，在安装前应复验所附试件的抗滑移系数，合格后方可安装，并应满足设计要求。

2 复验试验前应检查试件表面，清理试件板面的油污以及孔边、板边的毛刺等；当摩擦面有损伤时，应做好记录并经批准后方可进行试验。

3 工地摩擦面抗滑移系数的复验值应不小于0.45。

4 摩擦面抗滑移系数试验方法应符合本规范附录G的规定。

13.3.8 工地栓接连接后的防腐涂装应符合下列规定：

1 高强度螺栓连接副施拧完毕并经检查验收合格后，对连接处的板缝和高强度螺栓连接副的外露部分，应及时进行封闭和涂装处理。

2 栓接面和连接板在涂装前应去除毛刺、飞边，保证栓接面平整。

3 对栓接板的搭接缝隙部位，应按设计要求或现行《公路桥梁钢结构防腐涂装技术条件》（JT/T 722）的规定，采用密封材料进行密封处理。

4 对栓接板和高强度螺栓连接副的外露部分，应按设计要求或现行《公路桥梁钢结构防腐涂装技术条件》（JT/T 722）的规定，在清洁处理后，对螺栓的头部进行打磨，然后刷涂1~2道环氧富锌底漆或环氧类磷酸锌底漆50~60μm，再按相邻部位的配套体系涂装中间漆和面漆。

13.4 铆接连接

13.4.1 高强度环槽铆钉连接副的安装铆接工艺应符合本规范附录J的规定。

13.4.2 高强度环槽铆钉连接副应由一个环槽铆钉和一个套环配套组合使用，且配套使用的连接副应由同一生产厂制造，进场时应按本规范附录A的规定复验。

13.4.3 高强度环槽铆钉连接副的进场、存放、保管、领取和使用等环节的要求应符合本规范第13.3节的相关规定。套环存储的环境温度宜不超过50℃。

13.4.4 铆接的连接施工环境应符合下列规定：

1 当环境温度低于-10℃，或摩擦面潮湿，或暴露于雨雪中时，不得进行高强度环槽铆钉连接副的安装和铆接施工作业。

2 高强度环槽铆钉连接副受火焰作用时，应采取隔热或降温措施予以保护。

13.4.5 工地铆接连接时，构件摩擦面的抗滑移系数应符合本规范第13.3.7条的规定；铆接连接后的防腐涂装应符合本规范第13.3.8条的规定。

13.4.6 对高强度环槽铆钉进行拆除时，应使用专用拆除工具，且不得损伤构件钢板。

14 安装施工质量控制

14.1 一般规定

14.1.1 本章适用于钢结构桥梁安装施工过程的质量控制。

14.1.2 编制构件安装的专项施工方案时，应明确工艺质量和验收标准，制定保证施工质量、防治质量通病的措施。

14.1.3 安装施工应使用质量合格的构件、焊材或连接件，并应对构件的轻微缺陷进行矫正或修补。

条文说明

构件在运输和存放过程中，可能会产生锈蚀、变形、损坏、摩擦面及涂装涂层损伤等缺陷，如果不进行矫正或修补，将会形成质量隐患。

14.1.4 安装施工时，构件的定位宜按初步定位和精确定位两个步骤进行。初步定位时宜对构件的轴线、平面位置和高程进行调整，使其满足设计或施工监控的要求；精确定位宜在初步定位的基础上，采用适宜的装备和工具对构件节段之间的对接间隙和错边量等参数进行精确调整，且应满足焊接或栓接、铆接连接施工的误差要求。构件定位完成后，应对其进行临时固定。

14.1.5 构件在安装过程中，应对其定位和连接工序的质量进行控制。应按不同步骤分别对构件的轴线、平面位置和高程，以及对接间隙和错边量等进行检验；不合格时，不得进行下一工序及构件节段的连接施工。

14.1.6 焊接连接时，相邻构件精确调整定位后，错边量应符合本规范第8章的有关规定，未规定的应不大于2mm。栓接连接和铆接连接时，摩擦面间隙处理应符合本规范附录H的规定，并应按设计或施工方案要求的数量安装冲钉和普通螺栓。

14.2 平面位置与高程

14.2.1 支架上安装构件或节段时，构件或节段定位后的允许偏差应符合下列规定：

1 节段中心线与设计轴线的偏位应不大于10mm；相邻节段之间的中心线偏差应不大于5mm；永久支座处梁体支承中心的偏位应不大于10mm。

2 在墩台支座处和临时支点处，梁体的高程允许偏差应为±10mm；相邻节段之间的高差应不大于5mm。

14.2.2 悬臂拼装施工时，节段定位允许偏差应符合表14.2.2的规定。

表14.2.2 悬臂拼装施工节段定位允许偏差（mm）

桥型及构件		轴线偏差	高程偏差	对称点相对高差	同跨主梁/拱肋相对高差
梁式桥的梁	$L<100$	≤10	±10	≤20	≤10
	$L≥100$	≤$L/20\,000$	±$L/5\,000$	≤$L/5\,000$	≤10
斜拉桥的梁	$L<200$	≤10	±20	≤20	≤10
	$L≥200$	≤$L/20\,000$	±$L/10\,000$	≤$L/5\,000$	≤10
拱桥的主拱肋	$L<60$	≤10	±20	≤20	≤20
	$L≥60$	≤$L/6\,000$，且≤40	±$L/3\,000$，且±40	≤$L/3\,000$，且≤40	≤$L/3\,000$，且≤30

注：1. L为跨径，单位为m。
2. 对称点为对称悬拼时，与对称轴距离相等的断面上的特征点。

14.2.3 提升安装施工时，节段定位允许偏差应符合下列规定：

1 悬索桥加劲梁节段的轴线偏位应不大于15mm，吊点偏位应不大于30mm；同一节段两侧对称吊点处的梁顶面高差应不大于15mm。

2 钢墩（含系梁和盖梁）、钢塔、钢锚梁和钢锚箱节段的中心偏位应不大于5mm；钢墩、钢塔全高竖直度，栓接连接时应不大于$H/3\,000$，焊接连接时应不大于$H/2\,000$（H为墩高，以m计）。钢墩（含系梁和盖梁）、钢塔节段的顶面高程允许偏差应为±10mm，且累计允许偏差应为±10mm；钢锚梁和钢锚箱的顶面高程允许偏差应为±2$n$mm（n为节段数），且不超过±10mm。

3 有端面接触率要求的应符合设计的规定。

14.2.4 顶推施工、整孔与大节段安装施工时，梁体定位允许偏差应符合下列规定：

1 梁体轴线的偏位应不大于10mm；固定支座处梁体支承中心的纵向偏位，对简支梁应不大于10mm，对连续梁应不大于20mm。在相邻两跨的端横梁处，中心线的相对偏位应不大于5mm。

2 墩台处的梁体高程允许偏差应为±5mm；两跨相邻端横梁处中心线的相对高差

应不大于5mm。

14.2.5 转体施工时，梁和拱肋的允许偏差应符合下列规定：

1 在支架上组装时，轴线的偏位应不大于10mm，高程允许偏差应为±10mm。

2 转体施工后，梁、拱肋的轴线偏位应不大于 $L/10\,000$ mm（L 为跨径，单位为m），合龙接口的轴线相对偏差应不大于5mm；跨中、拱顶的高程允许偏差应为±20mm；合龙接口的相对高差应不大于5mm。

14.3 线形控制

14.3.1 各类桥型在安装构件时，均应对施工过程各阶段的线形进行控制，使其达到设计要求的成桥线形。

14.3.2 线形控制宜符合下列规定：

1 简支梁桥、先简支后连续等梁式桥主梁的线形控制宜以高程为主。
2 连续刚构桥、连续梁桥主梁和拱桥拱肋的线形控制宜以高程为主、应力为辅。
3 斜拉桥主梁的线形控制宜以梁的高程为主、斜拉索索力为辅。
4 悬索桥加劲梁的线形控制宜以高程为主。
5 钢塔的线形控制宜以平面位置为主、高程和应力为辅；钢墩的线形控制宜以平面位置为主，在墩顶节段或盖梁安装阶段宜同时控制平面位置和高程。

14.3.3 实施线形控制时应符合下列规定：

1 应按设计文件或施工监控方案要求的方法、步骤和标准进行。分阶段成形桥梁的线形控制宜采用无应力状态法。

2 用于线形控制的结构分析设计参数、边界条件和分析结果应与设计单位核对，有差异时应予排除，否则不得使用。

3 安装施工过程中的线形控制应与构件的制造线形相结合，并应统一方案，统一实施，不得各自独立、相互脱节。

4 安装线形宜根据安装的方法和步骤，综合考虑制造偏差、构件的变形、连接或支承方式、气温、施工荷载等影响因素进行控制，并应采取措施消除不利影响，提高安装精度。

条文说明

1 对于支架上安装或整孔、大节段安装施工，属于一次成形，线形控制相对较为简单，一般在工厂内控制好构件的制造线形及组装线形即能在现场比较容易地控制好成桥线形。对于悬臂拼装等分阶段成形的复杂结构，则需要进行分析计算，预测结构在各阶段的线形和应力，通过反馈、控制，才能实现最终的成桥线形，其技术及组织实施较为复杂，故需编制施工监控方案指导施工。无应力状态控制法是解决桥梁结构分阶段施工的理论方法，其原理为：在结构外荷载、结构体系、支承边界条件、单元无应力长度、无应力曲率一定的情况下，其对应的结构内力和位移是唯一的，与结构的形成过程无关。

2 核对结构分析数据是为了保证计算模型正确建立与使用，保证施工监控数据准确。

4 构件的温度变形、吊装变形、临时荷载及构件的支承方式等，如果在安装前后发生变化，均会影响控制的精度，因此需要综合考虑这些因素。

14.4 内力与变形控制

14.4.1 对一次成形的结构，构件或节段的安装高程施工控制值中宜计入预拱度，预拱度宜包括构件的恒载、二期恒载及二分之一活载产生的变形；对分阶段成形的结构，构件或节段安装高程的施工控制值应根据线形控制要求设置。安装高程相对于施工控制基准值的允许偏差应为 ±10mm。

条文说明

本条的"线形控制要求"，是指施工监控方案中的规定值或施工监控过程中提供的数据，一般由施工监控方负责发布。施工监控中的偏差均指实测值相对于施工控制基准值（或称理论值）的差值。通常情况下，线形控制既要将控制的数据分析准确，同时也要控制安装偏差，才能更好地实现控制目标。

14.4.2 梁和拱分节段安装时，施工过程中应在梁和拱的根部、1/4 跨和跨中等典型断面检测其应力值。每断面的测点应不少于 4 个，且应分布于上下缘位置；实测应力允许偏差应为 ±10% 计算应力值，超过时，应分析原因并采取相应措施进行调整。

14.4.3 在支架上安装简支梁、连续梁的构件时，其内力和变形的控制应符合下列规定：

1 简支梁的预拱度应在全跨范围内按二次抛物线设置；连续梁的预拱度应在每跨的全跨范围内按二次抛物线设置。

2 安装定位后，构件高程相对于施工控制基准值的允许偏差应为 ±10mm。

3 对临时墩和支架的变形宜通过调整支垫高度进行消除。

4 落梁或落架时应从跨中开始，向梁端对称、分步实施。

14.4.4 斜拉桥、连续刚构桥和连续梁桥的主梁构件采用节段法对称悬臂安装施工时，其内力和变形的控制应符合下列规定：

1 安装高程所计入的预拱度宜包括预计的后续节段安装及合龙施工所产生的变形。

2 施工时应检测主梁高程、主梁应力在各施工阶段的变化，当高程偏差超过±10mm时，或主梁实测应力偏差超过±10%理论应力时，应分析原因进行处理。

3 斜拉桥施工时，除主梁外，尚应对索塔的应力和变形、斜拉索的索力进行检测：索塔的轴线偏差应不大于10mm；混凝土索塔的应力允许偏差应为±20%理论应力，钢塔的应力允许偏差应为±10%理论应力；斜拉索索力偏差应满足设计或施工监控要求，未要求时，允许偏差应为±5%理论应力。

14.4.5 悬索桥加劲梁提升安装施工时，其内力和变形的控制应符合下列规定：

1 安装高程所计入的预拱度值宜由施工监控分析取得。

2 安装施工过程中应检测索塔的轴线和应力：索塔的轴线偏差应不大于10mm，混凝土索塔的应力允许偏差应为±20%理论应力，钢塔应力的允许偏差应为±10%理论应力。

3 安装施工过程中应对主缆线形、索股索力、索鞍偏位、主缆温度、吊索索力和索夹位置等进行检测和调整，施工偏差应不大于施工控制值。

4 悬索桥加劲梁合龙后应及时安装横向限位支座和阻尼器，尽快形成稳定体系。

14.4.6 拱桥的拱肋安装施工时，其内力和变形的控制应符合下列规定：

1 拱肋节段的安装高程所计入的预拱度值，除自重变形外，尚应包括预计后续节段安装和合龙施工产生的变形，以及拱上立柱和梁板安装产生的变形。

2 应检测拱肋高程、应力在各施工阶段的变化，偏差过大时，应分析原因进行处理。

3 悬臂安装时，拱肋节段的高程允许偏差应为±20mm，拱肋合龙端相对高差、合龙后拱顶高程允许偏差应为±10mm；成拱后拱轴线的横向偏位应不大于10mm。

4 采用斜拉扣挂法安装拱肋时，拱座的高程和水平位移、扣塔的应力和变形应不大于设计允许值，扣索和锚索索力允许偏差应为±5%理论值。

5 转体安装拱肋时，应检测和控制拱座的高程和水平位移、塔架的应力和变形、转体拉力、绞盘的变形和受力等；塔架、绞盘的应力和变形应不大于设计允许值，转体拉力的允许偏差应为±5%理论值。

14.4.7 顶推施工时，梁的内力和变形控制应符合下列规定：

1 应监测顶推各施工阶段的高程变化，当偏差超标时，应分析原因进行处理。

2 顶推过程中节段的高程允许偏差应为±20mm；中心线横向偏位应不大于20mm。桥面铺装前的梁顶高程允许偏差应为±10mm。

3 落梁宜采用墩顶支承同步落梁法。落梁时各个墩顶处梁的高差应不大于20mm。

14.4.8 整孔与大节段安装施工过程中，应监测构件或节段在存放、起吊和就位状态下的变形，当偏差超标时，应分析原因进行处理。

14.4.9 钢塔、拱肋转体施工时，其内力和变形的控制应符合下列规定：

1 制造和组装线形应计入预偏量，预偏量宜包括自重和拉索拉力等荷载产生的变形，具体数值应由施工监控方案确定。

2 转体施工过程中，应监测钢塔、拱肋在存放、起吊、就位状态下的变形，并应对塔座的变形、转体提升架（或塔架）的应力和变形、转体拉力、绞盘的受力和变形等进行检测；提升架或塔架、绞盘的应力和变形应不大于设计允许值，转体拉力的允许偏差应为 ±5% 理论值。

3 钢塔定位后，竖直度偏差应符合本规范第 14.2.3 条的规定；拱肋线形偏差应符合本规范第 14.2.5 条的规定。

附录 A 原材料复验规程

A.1 检验频次

A.1.1 钢材应按同一厂家、同一牌号、同一板厚、同一出厂状态，每10个炉（批）号抽验一组试件；探伤钢板应按每种板厚数量的10%（至少1块）进行抽验。特殊情况下，材料的复验可前移至钢厂。

A.1.2 制造厂首次使用的焊接材料应按首次采购数量作为一批进行复验；连续使用同一厂家、同一型号的焊接材料的检验频次应符合下列规定：
1 药芯焊丝和手工焊条应每年进行一次复验。
2 实芯焊丝、埋弧焊焊丝、埋弧焊焊剂应按每次进厂数量组成检验批。

A.1.3 圆柱头焊钉应按相同型号规格、相同生产批号组成检验批，同批最大数量为：直径小于或等于12mm时，应不大于10 000套；直径大于12mm时，应不大于5 000套。进场数量少于上述规定时也应视为一批。

A.1.4 高强度螺栓连接副的复验应按批进行，组批应符合下列规定：
1 同批高强度螺栓连接副应由同批高强度螺栓、螺母、垫圈组成。
2 同批高强度螺栓应由同一性能等级、材料、炉号、螺纹规格、长度（当螺栓长度小于或等于100mm、长度相差小于或等于15mm时，或当螺栓长度大于100mm、长度相差小于或等于20mm时，均可视为同一长度）、机械加工、热处理工艺、表面处理工艺的螺栓组成。
3 同批高强度螺母应由同一性能等级、材料、炉号、螺纹规格、机械加工、热处理工艺、表面处理工艺的螺母组成。
4 同批高强度垫圈应由同一性能等级、材料、炉号、规格、机械加工、热处理工艺、表面处理工艺的垫圈组成。
5 同批高强度螺栓连接副的最大数量应为3 000套，进场数量少于3 000套时也应视为一批。

A.1.5 高强度环槽铆钉连接副的复验应按批进行，组批应符合下列规定：
1 同批高强度环槽铆钉连接副应由同批高强度环槽铆钉和同批套环组成。

2 高强度环槽铆钉检验批应由同一形式、同一性能等级、同一钢材牌号和炉号、同一公称直径和长度（当铆钉长度小于或等于100mm、长度相差小于或等于15mm时，或当铆钉长度大于100mm、长度相差小于或等于20mm时，均可作为同一长度）、相同的热处理工艺、相同表面处理工艺的环槽铆钉组成。

3 高强度套环检验批应由同一形式、同一性能等级、同一钢材牌号和炉号、同一公称直径、相同的热处理工艺、相同表面处理工艺的套环组成。

4 公称直径小于或等于12mm的高强度环槽铆钉连接副，检验批的数量应不大于10 000套；公称直径大于12mm的高强度环槽铆钉连接副，检验批的数量应不大于5 000套。进场数量少于上述规定时也应视为一批。

A.1.6 涂装材料应按相同品种、相同生产批号、同批进厂（场）的组成检验批，每批抽取样品一个。检验结果中若有某项指标存在争议时，可允许在该批涂装材料中再随机抽取一个样品，重新进行检验。

A.2 检验项目与方法

A.2.1 钢材的复验项目与方法应符合下列规定：

1 应检验化学成分 C、Si、Mn、P、S、Nb、V、Ti、Al 等主要元素的含量；对碳素钢，检验化学成分 C、Si、Mn、P、S 等主要元素的含量。

2 应检验屈服强度 R_{eL} 或 R_{eH}、抗拉强度 R_m、伸长率 A、弯曲（180°）、冲击功 KV_2 等力学性能。

3 对耐候钢，除应检验本条第1、2款所列项目外，尚应检验化学成分 Cr、Ni、Cu、Mo、N 等元素的含量。

4 有探伤要求的钢板应进行超声波检测。

5 对 Z 向性能钢，除应检验本条第1、2、4款所列项目外，尚应检验断面收缩率和 Z 向拉伸。

6 检验方法应按本规范第4.2节中相关标准的规定执行。

条文说明

4 有探伤要求的钢板通常指厚度方向受拉控制设计的钢板、Z向性能钢板及其他有特殊探伤要求的钢板。超声波主要是检测钢板的裂纹和层状缺陷。

A.2.2 焊接材料的复验项目与方法应符合下列规定：

1 药芯焊丝应检验熔敷金属的化学成分（C、Si、Mn、P、S、Ni 元素含量）和力学性能（屈服强度 R_{eL} 或 R_{eH}、抗拉强度 R_m、伸长率 A、冲击功 KV_2）。

2 实心焊丝应检验熔敷金属的化学成分（C、Si、Mn、P、S、Ni 元素含量）和力学性能（屈服强度 R_{eL} 或 R_{eH}、抗拉强度 R_m、伸长率 A、冲击功 KV_2）。

3 手工焊条应检验熔敷金属的化学成分（C、Si、Mn、P、S、Ni 元素含量）和力学性能（屈服强度 R_{eL} 或 R_{eH}、抗拉强度 R_m、伸长率 A、冲击功 KV_2）。

4 埋弧焊焊丝应检验焊丝化学成分（C、Si、Mn、P、S、Ni 元素含量）和熔敷金属的力学性能（屈服强度 R_{eL} 或 R_{eH}、抗拉强度 R_m、伸长率 A、冲击功 KV_2）。

5 埋弧焊焊剂应检验化学成分（复验 P、S 元素含量）。

6 对耐候钢用的焊丝和焊条，除应符合上述各款的规定外，尚应检验化学成分 Cr、Cu、Mo、N 等元素的含量。

7 检验方法应按本规范第 4.3 节中相关标准的规定执行。

A.2.3 圆柱头焊钉的复验应核查质量证明书和质量检验试验资料，并应按批抽检 5 套，检验表面缺陷、尺寸、机械性能和焊接性能等，检验方法应符合现行《电弧螺柱焊用圆柱头焊钉》（GB/T 10433）的规定。

A.2.4 高强度螺栓连接副的复验项目与方法应符合下列规定：

1 生产厂提供的质量证明书和质量检验试验资料应齐全、完整。

2 连接副扭拒系数的检验应按批抽检 8 套，平均值和标准偏差应符合现行《钢结构用高强度大六角头螺栓、大六角螺母、垫圈技术条件》（GB/T 1231）的规定。

3 楔负载试验、螺母的保证载荷、螺母硬度、垫圈硬度等应按批抽检，样本数 $n=8$，合格判定数为 $Ac=0$。

4 对螺栓、螺母、垫片等的尺寸、外观及表面缺陷的复验应符合现行《紧固件 检查验收》（GB/T 90.1）的规定。

5 复验有异议时，在正常运输和保管条件下，应在产品出厂之日起 5 个月内向供货方提出。

A.2.5 高强度环槽铆钉连接副的复验项目与方法应符合下列规定：

1 生产厂提供的质量证明书和质量检验试验资料应齐全、完整。

2 对环槽铆钉和套环的尺寸、外观及表面缺陷的复验应符合现行《紧固件 检查验收》（GB/T 90.1）的规定。

3 环槽铆钉和套环的硬度、环槽铆钉连接副的拉脱力和夹紧力应按批抽取 5 套，合格判定数为 $Ac=0$，合格质量水平 $AQL=1.0$；硬度、拉脱力和夹紧力应符合现行《环槽铆钉连接副 技术条件》（GB/T 36993）的规定。

A.2.6 涂装材料的复验方法应符合相关标准的规定，复验内容除应审核生产厂提供的质量证明书和质量检验试验资料外，尚应包括下列项目：

1 无机硅酸锌车间底漆：干燥时间、附着力；

2 环氧富锌防锈底漆：不挥发物含量、不挥发物中的金属锌含量、附着力；

3 环氧云铁中间漆（厚浆型）：不挥发物含量、弯曲性、附着力；

4 环氧磷酸锌封闭底漆：不挥发物含量、干燥时间、附着力；

5 环氧沥青涂料：不挥发物含量、耐冲击性、附着力；

6 氟碳面漆：氟含量（主剂）、不挥发物含量、细度、耐冲击性、附着力；

7 无机富锌防锈防滑涂料：不挥发物中的金属锌含量、干燥时间、附着力；

8 铝丝：化学成分；

9 油漆生产厂提供的近期环氧富锌底漆耐盐雾试验检验报告，氟碳面漆耐人工加速老化性能的检验报告。

条文说明

防锈底漆耐盐雾性能和储存期、中间漆配套性能和储存稳定性、面漆耐人工老化性能和储存期，以及防锈防滑涂料耐盐雾性能、6个月时的抗滑移系数和储存期等型式检验项目均为产品生产厂的保证项目，通常不作为用户的必检项目。

A.3 评定规则

A.3.1 对各项复验试验结果的评定应按相应的国家现行标准进行；当订货合同对技术条件有特殊规定时，应按其规定执行。

A.3.2 钢材检验批的评定应以抽样试件试验结果为准。对钢材检验批的质量评定应按下列原则进行：

1 当试件试验结果合格时，应评定整个检验批为合格。

2 当试件试验结果不合格时，应在该检验批其余炉（批）号内再随机抽取两个炉（批）号的两组试件进行试验。

3 若两组试件试验结果均合格，则该检验批其余炉（批）号均应判定为合格。

4 若两个试验炉（批）号试件均不合格，则应对该检验批剩余的7个炉（批）号逐炉（批）取样进行试验，逐炉（批）评定。

5 若两个试验炉（批）号试件有一个合格、另一个不合格时，应在该检验批剩余的7个炉（批）号中再抽取两个炉（批）号试件进行试验；若两个试验炉（批）号试件均合格则应判定该7个炉（批）号合格，否则应对该检验批剩余的炉（批）号逐炉取样试验，逐炉（批）评定。

A.3.3 焊接材料、圆柱头焊钉、高强度螺栓连接副、高强度环槽铆钉连接副和涂装材料的评定应以每一批的抽样试验结果为准；当抽样试验结果合格时，应评定检验批为合格；抽样检验结果不合格时，应在该批材料中再加倍抽检样品，重新进行检验，检验结果全合格则应判定该批材料合格，检验结果不是全合格则应判定该批材料不合格。

附录 B 钢板、加工及焊缝外观缺陷的修补

B.0.1 钢板、加工及焊缝外观缺陷的修补方法应符合表 B.0.1 的规定。

表 B.0.1 钢板、加工及焊缝外观缺陷修补方法

序号	缺陷种类		修补方法
1	钢板麻点等伤痕	≤1mm	修磨匀顺(高强度螺栓连接面不处理)
		>1mm	补焊后修磨匀顺
2	钢材边缘局部层状裂纹(深度不超过5mm时)		补焊后修磨匀顺
3	焰切边缘的缺口或崩坑	≤2mm	修磨匀顺
		>2mm	磨出坡口补焊后修磨匀顺
4	弯曲加工产生的边缘裂纹		清除裂纹,补焊后修磨匀顺
5	焊缝的咬边	≤1mm	修磨匀顺
		>1mm	补焊后修磨匀顺
6	焊缝电弧擦伤	≤0.5mm	修磨匀顺
		>0.5mm	补焊后修磨匀顺
7	焊缝表面裂纹		补焊后修磨匀顺
8	焊缝凹坑		补焊后修磨匀顺
9	焊瘤		清除后修磨匀顺
10	拆除吊具等临时连接残留痕迹	≤1mm	修磨匀顺
		>1mm	补焊后修磨匀顺
11	角焊缝焊趾不足		补焊后修磨匀顺
12	对接焊未填满		补焊后修磨匀顺

B.0.2 焊接修补前应将修补部位打磨干净,并应按要求进行预热。

附录 C 钢材焊接工艺评定

C.1 一般要求

C.1.1 钢材焊接工艺评定（以下简称"评定"）应为编制焊接工艺的依据。

C.1.2 评定条件应与产品焊接条件相对应，且应采用与产品相同牌号和质量等级的钢材及焊接材料。

C.1.3 制造厂应根据钢材牌号、接头形式、焊接方法和焊接位置等制订评定方案，拟订评定指导书，并应按本规范的相关要求进行评定。

C.1.4 制造厂首次采用的钢材和焊接材料应进行评定。在同一制造厂已评定并批准的工艺，若连续生产且各项生产条件没有变化，质量可控，5年内可不再评定。遇有下列情况之一者，应重新进行评定：
  1 钢材牌号改变；
  2 焊接材料改变；
  3 焊接方法或焊接位置改变；
  4 衬垫材质改变；
  5 焊接电流、焊接电压和焊接速度改变超过±10%；
  6 坡口形状和尺寸改变（坡口角度减小10°以上，熔透焊缝钝边增大2mm以上，无衬垫的根部间隙变化2mm以上，有衬垫的根部间隙变化超过-2mm或+6mm）；
  7 预热温度低于规定的下限温度20℃时；
  8 增加或取消焊后热处理时；
  9 电流种类和极性改变；
  10 加入或取消填充金属；
  11 母材焊接部位涂车间防锈底漆而焊接时又不进行打磨的。

C.1.5 评定应包括对接接头试验、熔透角接试验和T形接头试验。

C.2 试板

C.2.1 对接接头、全熔透或部分熔透T形接头试板代表的焊接板厚范围应符合表 C.2.1 的规定。

表 C.2.1 对接接头、全熔透或部分熔透 T 形接头试板代表板厚范围（mm）

序 号	试板厚度	板 厚	备 注
1	$t \leqslant 16$	$0.5t \leqslant \delta \leqslant 1.5t$	δ-产品板厚； t-试板板厚
2	$16 < t \leqslant 25$	$0.75t \leqslant \delta \leqslant 1.5t$	
3	$25 < t \leqslant 80$	$0.75t \leqslant \delta \leqslant 1.3t$	

注：当需要保证熔透角焊缝冲击试样的取样长度时，翼缘板厚度应大于或等于 28mm。

C.2.2 除全熔透或部分熔透外的 T 形接头，应根据焊角尺寸选择腹板和翼缘板组合作为试板，试板板厚应符合表 C.2.2 的规定。

表 C.2.2 T 形接头试板厚度（mm）

序 号	焊角尺寸	试板厚度	
		腹板	翼缘板
1	6.5×6.5	8~12	8~16
2	8×8	10~16	10~24
3	10×10	14~24	14~40
4	12×12	>20	>20

条文说明

通常情况下，对不开坡口的手工焊角焊缝，试板厚度可以按表 C.2.2 评定试板的厚度进行选取。对已评定合格的不开坡口手工焊角焊缝，当有效厚度（焊喉）小于 10mm 时，认可的产品焊缝有效厚度（焊喉）范围一般为 0.75~1.5 倍；对已评定合格的有效厚度（焊喉）大于或等于 10mm 的，认可产品焊缝有效厚度（焊喉）范围一般为 10mm 以上的所有焊缝。

C.2.3 试板长度应根据样坯尺寸、数量（含附加试样数量）等因素予以综合考虑，自动焊不宜小于 600mm，焊条电弧焊、CO_2 气体（或混合气体）保护焊不得小于 400mm。宽度应根据板厚、试样尺寸和无损检测要求确定。

C.2.4 试板的制作应与产品的制造要求一致。

C.3 检验及试验

C.3.1 焊缝的外观质量应符合本规范第 7.3.1 条的规定。

C.3.2 焊缝应全长进行超声波检测，对接焊缝、全熔透 T 形角焊缝的检测等级应符合现行《焊缝无损检测 超声检测 技术、检测等级和评定》（GB/T 11345）中 B 级的规定,验收等级应符合现行《焊缝无损检测 超声检测 验收等级》(GB/T 29712)中 2 级的规定。部分熔透 T 形角焊缝的检测等级应符合现行《焊缝无损检测 超声检测 技术、检测等级和评定》(GB/T 11345)中 B 级的规定,验收等级符应合现行《焊缝无损检测 超声检测 验收等级》(GB/T 29712)中 3 级的规定。

C.3.3 样坯的截取位置应根据焊缝外形及无损检测结果,在试板的有效利用长度内作适当分布。试样加工前可对样坯进行冷矫正。

C.3.4 力学性能的试验项目、试样数量及试验方法应符合表 C.3.4 的规定。

表 C.3.4 力学性能试验项目、试样数量和试验方法

序号	试件形式	试验项目	试样数量(个)	试验方法
1	对接接头试件	接头拉伸(拉板)试验	1	《焊接接头冲击试验方法》(GB/T 2650);《焊接接头拉伸试验方法》(GB/T 2651);《焊缝及熔敷金属拉伸试验方法》(GB/T 2652);《焊接接头弯曲试验方法》(GB/T 2653);《焊接接头硬度试验方法》(GB/T 2654)
		焊缝金属拉伸试验	1	
		接头侧弯试验	1	
		低温冲击试验	6	
		接头硬度试验	1	
2	熔透角接试件	焊缝金属拉伸试验	1	
		低温冲击试验	6	
		接头硬度试验	1	
3	T 形接头试件	焊缝金属拉伸试验	1	
		接头硬度试验	1	

注:1. 对接接头侧弯试验:弯曲角度 $\alpha = 180°$。当试板板厚为 10mm 及以下时,可用正、反弯各一个代替侧弯。
    2. 对接接头及熔透角接低温冲击试验缺口开在焊缝中心及熔合线外 1mm 处各 3 个;如果接头为异种材质组合,应在熔合线外 1mm 分别取样。
    3. 板厚小于 12mm 的对接焊缝、焊缝有效厚度小于或等于 8mm 的角焊缝可不进行焊缝金属拉伸试验。

条文说明

力学性能试验项目、试样数量与国内外有关标准的对照见表 C-1。

表 C-1 力学性能试验项目、试样数量(个)对照

序号	标准(规范)	接头形式	接头拉伸	焊缝拉伸	焊缝金属冲击		热影响区或熔合线冲击		弯 曲			硬度(酸蚀)
					常温	低温	常温	低温	面	背	侧	
1	本规范	对接	1	1	—	3	—	3	—	—	1	1
		T 形		1								1
2	英国桥梁规范 BS5400	对接	1	—	—	3	—	3	2[①]	2[①]	—	1
		角焊缝	—									1

续表 C-1

序号	标准（规范）	接头形式	接头拉伸	焊缝拉伸	焊缝金属冲击 常温	焊缝金属冲击 低温	热影响区或熔合线冲击 常温	热影响区或熔合线冲击 低温	弯曲 面	弯曲 背	弯曲 侧	硬度（酸蚀）
3	《日本工业标准》（JIS Z 3040）"焊接工艺评定试验方法"	对接	—	—	—	—	—	—	2	2	—	—
		t<19mm	2	—	3	—	3	—	2	2	—	—
		t≥19mm	2	—	3	—	3	—	双面焊	单面焊	—	—
4	美国钢结构焊接规范 AWS	坡口焊缝	2	—	5②	—	5②	—	—	—	4	—
		T 形	—	—	—	—	—	—	—	—	—	3

注：① 当板厚大于 10mm 时，用一个全截面侧弯代替面背弯。
② 合同或技术文件要求时做此项。

C.3.5 力学性能试验评定应符合下列规定：

1 当拉伸试验结果（屈服强度、抗拉强度及伸长率）均不低于母材标准值时，判为合格；当试验结果低于母材标准值，允许从同一试件上再取一个试样重新试验，若重新试验的结果不低于母材标准值，则仍可判为合格，否则判为不合格。异种母材接头拉伸试验以低强度母材为标准。

2 接头侧弯试验结束后，若试样受拉面上的裂纹总长度不大于试样宽度的 15%，且单个裂纹长度不大于 3mm 时，判为合格；当试验结果未满足上述要求时，允许从同一试件上再取一个试样重新试验，若重新试验的结果满足上述要求，则仍可判为合格，否则判为不合格。

3 焊接接头冲击试验的每一组（3 个）试样试验结果的平均值不低于规定值，且任一试验结果不低于 0.7 倍的规定值，判为合格；当试验结果未满足上述要求，允许从同一试件上再取一组（3 个）附加试样重新试验，若总计 6 个试验结果的平均值不低于规定值，且低于规定的试验结果不多于 3 个（其中，不得有 2 个以上的试验结果低于 0.7 倍的规定值，也不得有任一试验结果低于 0.5 倍的规定值），则仍可判为合格，否则判为不合格。焊接接头的冲击功规定值见表 C.3.5。

4 焊接接头的硬度值不大于 380HV10 时，判为合格，否则判为不合格。

5 力学性能试验结束后，当发现试样断口上有超标的缺陷时，查明产生该缺陷的原因并决定试验结果是否有效。

表 C.3.5 焊接接头的冲击功规定值

钢材牌号	Q345			Q345q			Q370			Q370q			Q420			Q420q			Q500			Q500q		
质量等级	C	D	E	C	D	E	C	D	E	C	D	E
试验温度（℃）	0	−20	−40	0	−20	−40	0	−20	−40	0	−20	−40
对接焊缝和熔透角焊缝	34J						41J						47J						54J					

注：1. 试验温度可按设计规定。
2. 板厚小于或等于 20mm 的薄钢板接头冲击功规定值为 27J。

条文说明

3 近年来由于钢材强度级别不断提高,《桥梁用结构钢》（GB/T 714—2015）中钢材的冲击功已经达到了120J，结合国内现状和工程经验，作出了本款规定。

C.3.6 每一评定应做一次宏观断面酸蚀试验，试验方法应符合现行《钢的低倍组织及缺陷酸蚀检验法》（GB/T 226）的规定；单道焊缝的成型系数应为1.3~2.0。

C.3.7 不同钢材牌号焊接接头的拉伸、冲击、弯曲等力学性能应按性能要求较低的钢材牌号进行评定。

C.4 焊接工艺评定报告

C.4.1 焊接工艺评定报告应包括下列内容：
1 母材和焊接材料的牌（型）号、规格、化学成分和力学性能等；
2 试板图；
3 试件的焊接条件及施焊工艺参数；
4 焊缝外观及无损检测检验结果；
5 力学性能试验及宏观断面酸蚀试验结果；
6 评定结论。

附录 D 圆柱头焊钉焊接工艺评定

D.1 一般要求

D.1.1 试验用焊接圆柱头焊钉的钢材牌号应与产品钢板相同，并应按较厚板选用。

D.1.2 圆柱头焊钉、瓷环应符合现行《电弧螺柱焊用圆柱头焊钉》（GB/T 10433）的规定。

D.1.3 试验用焊接设备应与生产用焊接设备相同；采用不同焊接方法焊接的焊钉应分别评定。遇有下列情况之一者，应重新进行评定：
1 Q370级以上的钢材牌号改变；
2 焊钉直径或焊钉端头镶嵌（或喷涂）稳弧脱氧剂改变；
3 焊机与配套焊枪形式、型号与规格改变；
4 瓷环材料与规格改变；
5 焊接电流变化超过±10%；焊接时间为1s以上时变化超过0.2s，或焊接时间为1s以下时变化超过0.1s；
6 焊钉伸出长度和提升高度的变化分别超过1mm；
7 焊钉焊接位置偏离平焊位置15°以上的变化，或立焊、仰焊位置改变。

D.2 试验与检验

D.2.1 试验时应记录施焊参数。

D.2.2 圆柱头焊钉焊缝的外观质量应符合本规范第7.3.2条的规定。弯曲与拉伸检验应符合现行《电弧螺柱焊用圆柱头焊钉》（GB/T 10433）的规定。

D.2.3 圆柱头焊钉评定试验的试件数量应为6个，一组3个进行30°弯曲检验；另一组3个进行拉伸检验。

D.3 弯曲与拉伸检验

D.3.1 弯曲试验宜采用手锤敲击（或使用套管压弯）圆柱头焊钉的方法，弯曲角度应为30°。当焊钉焊脚未出现肉眼可见裂缝时，该焊钉焊缝应判为合格，否则应判为不合格。弯曲试验的 3 个焊钉全部合格，则该组弯曲评定试验应判为合格，若出现 2 个不合格，该组弯曲评定试验应判为不合格。若出现 1 个不合格，应加倍补做试验，加倍补做的试验全部合格后，该组弯曲评定试验应判为合格。

D.3.2 焊钉焊接头拉伸时，当拉伸试样的抗拉荷载大于或等于焊钉焊接端力学性能规定的最小抗拉荷载时，则无论断裂发生在何处，且拉力荷载满足现行《电弧螺柱焊用圆柱头焊钉》（GB/T 10433）的规定，焊钉焊缝应判为合格，否则应判为不合格。当 3 个焊钉焊缝全部合格时，则该组拉伸评定试验应判为合格；若拉伸试验出现 2 个不合格，该组拉伸评定试验应判为不合格；若出现 1 个不合格，应加倍补做试验，加倍补做的试验全部合格后，该组拉伸评定试验应判为合格。

D.4　焊接工艺评定报告

D.4.1　焊接工艺评定报告应包括下列内容：
1　钢板、焊钉的规格、化学成分和力学性能等；
2　试件的焊接条件及施焊工艺参数；
3　焊缝外观检验结果；
4　焊钉弯曲试验结果；
5　焊钉拉伸试验结果；
6　评定结论。

附录 E 焊接接头超声检测方法及质量分级

E.0.1 对接焊缝、全熔透角焊缝的距离-波幅曲线灵敏度及缺陷等级评定，应符合下列规定：

1 应以直径 3mm 横孔作为基准反射体，制作距离-波幅曲线。

2 扫查灵敏度应不低于评定线灵敏度，此时在检测范围内最大声程处的评定线高度应不低于满屏的 20%。

3 对超声检测确定为裂纹、未熔合、未焊透（对接焊缝）等危害性缺陷者，应判为不合格。

4 缺陷指示长度小于 8mm 时应按 4mm 计，并应对累加后允许的不连续进行记录。

5 不同板厚的焊缝质量验收等级应符合图 E.0.1-1、图 E.0.1-2 的规定。

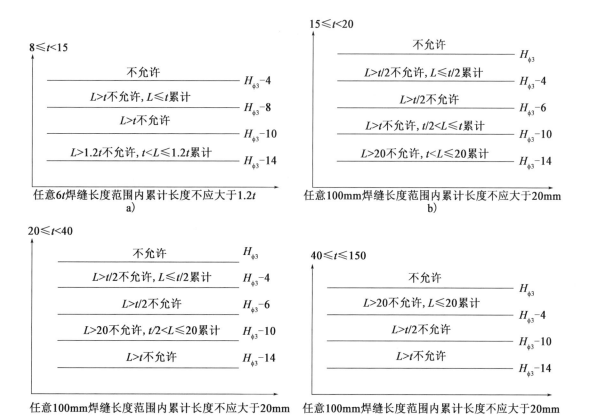

图 E.0.1-1 验收等级 2 级（尺寸单位：mm）

图 E.0.1-2 验收等级 3 级（尺寸单位：mm）

注：L 为单个不连续的指示长度，t 为坡口加工侧母材板厚（不等厚对接焊缝以薄板计，管座角焊缝为焊缝截面中心线高度）。

E.0.2 主要角焊缝的距离-波幅曲线灵敏度及缺陷等级评定应符合下列规定：

1 对超声检测确定为裂纹、未熔合等危害性缺陷者，应判为不合格。

2 缺陷指示长度小于 10mm 时应按 5mm 计，并应对累加后允许的不连续进行记录。

3 对部分熔透角焊缝，焊缝内部质量可按本规范第 E.0.1 条的验收等级 3 级执行。

E.0.3 焊接接头超声检测方法及质量分级、缺陷评判和验收等除应符合本规范的规定外，尚应符合现行《焊缝无损检测　超声检测　技术、检测等级和评定》（GB/T 11345）、《焊缝无损检测　超声检测　焊缝中的显示特征》（GB/T 29711）和《焊缝无损检测　超声检测　验收等级》（GB/T 29712）的规定。

附录 F 焊接接头射线检测质量评定

F.0.1 对射线探伤检测的结果进行质量评定时，焊接接头内应无裂纹、未熔合、未焊透、缩孔、弧坑缩孔、铜夹杂等严重缺陷，否则应不予评定。

F.0.2 焊接接头射线检测的质量评定应包括圆形缺陷评定、条形缺陷评定和综合评定，并应符合表F.0.2的规定。

表F.0.2 气孔、夹渣、夹杂缺陷的评定

序号	缺 陷 类 型	验收等级2级	验收等级1级
1	均布气孔、球形气孔，单层	$A \leqslant 1.5\%$ $d \leqslant 0.3s$，最大4mm $L = 100$mm	$A \leqslant 1\%$ $d \leqslant 0.2s$，最大3mm $L = 100$mm
2	均布气孔、球形气孔，多层	$A \leqslant 3\%$ $d \leqslant 0.3s$，最大4mm $L = 100$mm	$A \leqslant 2\%$ $d \leqslant 0.2s$，最大3mm $L = 100$mm
3	局部密集气孔	$d_A \leqslant W_P$，最大20mm $d \leqslant 0.3s$，最大4mm $L = 100$mm	$d_A \leqslant W_P/2$，最大15mm $d \leqslant 0.2s$，最大3mm $L = 100$mm
4	链状气孔	$l \leqslant s$，最大50mm $d \leqslant 0.3s$，最大3mm $L = 100$mm	$l \leqslant s$，最大25mm $d \leqslant 0.2s$，最大2mm $L = 100$mm
5	条形气孔、虫形气孔	$h < 0.3s$，最大3mm $\sum l \leqslant s$，最大50mm $L = 100$mm	$h < 0.2s$，最大2mm $\sum l \leqslant s$，最大25mm $L = 100$mm
6	夹渣、焊剂夹渣、氧化物夹杂	$h < 0.3s$，最大3mm $\sum l \leqslant s$，最大50mm $L = 100$mm	$h < 0.2s$，最大2mm $\sum l \leqslant s$，最大25mm $L = 100$mm
7	金属夹杂（不包括铜）	$l < 0.3s$，最大3mm	$l < 0.2s$，最大2mm

注：1. A-显示投影面积总和在 $L \times W_P$ 区域中的百分比，d-气孔直径，d_A-气孔包络区域直径，h-显示的宽度，L-焊缝任意100mm检测长度，l-显示的长度，s-对接焊缝公称厚度，W_P-焊缝宽度，$\sum l$-在 L 范围内的缺陷总长度。
2. 如果单条焊缝长度小于100mm，则显示的最大长度应不超过整条焊缝长度的25%。
3. 如果任意相邻缺陷的间距小于或等于其中较小缺陷的主要尺寸，则应被视为一个缺陷。
4. 显示不应被划分到不同的 L 中。

F.0.3 对评定不合格的缺陷，可进行返修。返修后，对返修部位及补焊受影响的区域，应按原检测条件进行复验，复探部位的缺陷应按本附录的规定重新评定。

F.0.4 焊接接头射线检测方法和检测结果分级除应符合本规范的规定外，尚应符合现行《焊缝无损检测 射线检测 第一部分：X 和伽玛射线的胶片技术》（GB/T 3323.1）和《焊缝无损检测 射线检测验收等级 第一部分：钢、镍、钛及其合金》（GB/T 37910.1）的规定。

附录 G 摩擦面抗滑移系数试验方法

G.0.1 本方法适用于采用高强度螺栓连接的摩擦面抗滑移系数试验，采用高强度环槽铆钉连接的摩擦面抗滑移系数试验可按此执行。

G.0.2 基本要求应符合下列规定：

1 制造厂和安装单位应分别以钢结构制造批为单位进行抗滑移系数试验。制造批可按单位工程划分规定的工程量每 2 000t 为一批，不足 2 000t 的可视为一批；分节段安装的构件应以每 10 个节段为一批，不足 10 个节段时可视为一批。选用两种及两种以上表面处理工艺时，每种处理工艺应单独检验。

2 每一批应制作 6 组试件，其中 3 组用于出厂试验，3 组用于工地复验。设计文件对抗滑移系数试件的数量及规格有要求时，应符合其规定。

3 抗滑移系数试验应采用双摩擦面的两栓拼接的拉力试件，试件的加工制作应符合图 G.0.2 的规定。

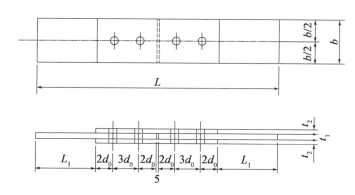

图 G.0.2 抗滑移系数拼接试件的形式和尺寸（尺寸单位：mm）

注：图中 $2t_2 \geqslant t_1$。

G.0.3 试验方法应符合下列规定：

1 试验用的试验机误差应在 1% 以内。

2 试验用的贴有电阻片的高强度螺栓、压力传感器和电阻应变仪应在试验前采用试验机进行标定，其误差应在 2% 以内。

3 测定抗滑移系数的试件应由钢结构制造厂加工，试件与所代表的钢结构应为同一牌号、同批制作、同一摩擦面处理工艺，使用同一性能等级和同一直径的高强度螺栓连接副,并在相同条件下运输、存放。试件的摩擦面在运输和存放过程中不得有损伤。

4 试件的钢板厚度 t_1、t_2 应为所代表的钢结构中有代表性部件的钢板厚度,同时应考虑在摩擦面滑移之前,试件钢板的净截面始终处于弹性状态;试件的宽度 b 应按表 G.0.3 确定。

表 G.0.3 试件宽度

螺栓直径 d（mm）	16	20	22	24
板宽 b（mm）	100	100	105	110

5 试件加工应符合图 G.0.2 的规定。

6 试件板面应平整,无油污,孔和板的边缘无飞边、毛刺。

7 应按图 G.0.2 进行试件组装,先打入冲钉定位,然后逐个换成贴有电阻应变片的高强度螺栓(或用压力传感器),拧紧高强度螺栓的预应力达到 $(0.95 \sim 1.05)P$（P 为高强度螺栓设计预拉力）。

8 将试件装在试验机上,应使试件的轴线与试验机夹具中心线严格对中。

9 在试验中发生以下情况之一时,应认为达到滑动荷载:

1) 试验机发生回针现象;
2) X-Y 记录仪中变形发生突变;
3) 试件测面画线发生错动。

G.0.4 抗滑移系数 μ 应按式（G.0.4）计算,取两位有效数字。

$$\mu = \frac{N}{n_f \sum P_t} \quad (G.0.4)$$

式中：N——由试验机测得的滑动荷载(kN,取 3 位有效数字);

n_f——摩擦面面数,取 $n_f = 2$;

P_t——高强螺栓预拉力实测值(kN);

$\sum P_t$——与试件滑动荷载对应一侧的高强度螺栓预拉力实测值之和(kN,取 3 位有效数字)。

G.0.5 每批 3 组试件的摩擦面抗滑移系数最小值应不小于设计规定值。

附录 H 高强度螺栓安装施拧工艺规程

H.1 一般要求

H.1.1 高强度螺栓连接副的紧固宜采用扭矩法施工；检查和验收可采用"松扣回扣法"，当试验数据足够且准确时，也可采用"紧扣法"。

H.1.2 每套高强度螺栓连接副应为一根螺栓、一个螺母和两个垫圈，并应配套使用。高强度螺栓连接副不得重复使用。

H.1.3 高强度螺栓的预拉力应符合表 H.1.3 的规定。

表 H.1.3 高强度螺栓预拉力（kN）

性能等级		螺栓规格						
		M12	M16	M20	M22	M24	M27	M30
8.8S	设计预拉力 P	45	80	125	150	175	230	280
	施工预拉力 P_c	50	90	140	165	195	255	310
10.9S	设计预拉力 P	55	100	155	190	225	290	355
	施工预拉力 P_c	60	110	170	210	250	320	390

H.1.4 当环境温度低于 -10℃、摩擦面潮湿或暴露于雨雪中时，不得进行螺栓的安装和施拧作业；雨雪后施工时，应采取措施保证栓接板面干燥。

H.1.5 高强度螺栓连接副在安装和施拧作业时，应遵守相关的安全规定。

H.2 施工准备

H.2.1 高强度螺栓连接副进场后，应按本规范附录 A 的规定进行扭拒系数试验；试验后超过 6 个月再使用时，应重新进行扭矩系数试验，检验合格方可使用。

H.2.2 对损伤严重的栓接板面，施工前应按相应的涂装工艺重新处理。

H.2.3 对高强度螺栓连接副进行施拧前，应检查确认板缝中无任何杂物。

H.2.4 作业者应是经培训考核合格、能熟练进行安装施拧操作的专业人员。

H.2.5 应配备足够的高强度螺栓连接副施工的工具，施拧和检查用的扳手应在施工前进行标定和校正，并应符合下列规定：
 1 施拧用电动扳手和定扭矩讯响扳手应编号使用，每台电动扳手和控制器及稳压电源，应固定配套编号，不得混杂。
 2 对标定好的电动扳手应指定专人使用，在使用过程中严禁随意调节控制器的旋钮。
 3 高强度螺栓连接副施拧所用扭矩扳手的扭矩误差不得超过使用扭矩值的±5%，检查所用扭矩扳手的误差不得超过使用扭矩值的±3%。

H.3 安装

H.3.1 高强度螺栓连接副的安装应在构件的位置精确调整定位后进行，且螺栓、螺母和垫圈应按制造厂提供的批号配套使用。

H.3.2 安装高强度螺栓连接副时，构件连接部位的摩擦面应保持清洁、干燥。

H.3.3 安装高强度螺栓连接副时，螺栓头一侧和螺母一侧应各置一个垫圈，垫圈有内倒角的一侧应分别朝向螺栓头或螺母支承面。螺栓的长度应符合安装图的规定，穿入方向应全桥一致。

H.3.4 安装施工时，不得使用螺纹损伤及沾染污物的高强度螺栓连接副；不得将高强度螺栓兼作临时螺栓使用；不得采用塞焊对栓孔进行焊接。

H.3.5 安装高强度螺栓时，螺栓应能自由穿入栓孔内，不得强行将螺栓敲入。当需要对栓孔进行扩孔时，应经批准后方可实施；扩孔应采用铰刀完成，最大直径应小于1.2倍螺栓直径；扩孔前应将该栓孔四周的螺栓全部拧紧；对扩孔的节段及孔眼位置均应进行记录。

条文说明

螺栓不能自由穿入栓孔时，如果强行将螺栓打入，可能会损伤螺纹或使螺栓产生变形，影响螺栓的受力。对不能自由穿入栓孔的情况，通常采取调整连接板位置等方式予以解决，如果仍不奏效，则需要对栓孔进行扩孔。要求"扩孔前应将该栓孔四周的螺栓全部拧紧"，是为了防止钢屑落入板缝中。

H.3.6 高强度螺栓连接安装时，每个节点穿入的冲钉数量，宜由安装时其可能承受的载荷经计算确定。采用支架法安装构件时，每个节点穿入的冲钉数量宜不少于节点螺栓总数的25%；采用悬臂拼装法安装构件时，每个节点穿入的冲钉数量宜不少于节点螺栓总数的50%。临时螺栓的数量应能保证连接板板面与构件板面之间的密贴，且不应少于2个。冲钉和临时螺栓应均匀地安装。

H.3.7 对箱形构件的四面连接部位、工形构件的翼缘板连接部位，高强度螺栓连接副的安装均应使螺母朝外。

H.3.8 安装高强度螺栓连接副时，施拧部位的连接板与构件摩擦面之间不应有间隙；当出现间隙时，应测量间隙并按表H.3.8的规定进行处理。

表 H.3.8 摩擦面间隙处理

序号	简图	处理方法
1		$\delta < 1$mm 时不予处理
2		1mm≤δ≤3mm 时，应将板厚一侧磨成1:10的缓坡，使间隙小于1mm。采用砂轮打磨时，应使打磨方向与受力方向垂直
3		$\delta > 3$mm 时应加垫板，垫板厚度应不小于3mm，垫板材质和摩擦面处理方法应与构件相同

H.4 施拧

H.4.1 高强度螺栓连接副的紧固宜分为初拧、复拧、终拧3个步骤，初拧扭矩应为终拧扭矩的50%，复拧扭矩应等于初拧扭矩；对螺栓数量较少且板层不超过3层的节点可按初拧、终拧2个步骤进行。初拧、复拧、终拧应在同一工作日内完成。

条文说明

复拧的主要目的是：对螺栓初拧后的预拉力可能产生的不均匀性进行调整，使所有螺栓受力均匀，以提高预拉力的精度。正常情况下，高强度螺栓连接副的紧固需要分为初拧、复拧、终拧3个步骤，尤其对大型节点或节点处板层较厚的情况。大型节点一般指单排（列）螺栓个数超过15个的节点，需要进行复拧。但对螺栓数量较少、板层相对较薄的节点,在保证初拧质量的前提下,则可以省略复拧这一步骤,以提高施工效率。

H.4.2 高强度螺栓连接副的施拧宜由螺栓群的中心开始向四周顺序进行,且应从接头刚度大的部位向约束小的方向依次拧紧。

H.4.3 施拧时,应通过螺母施加扭矩,不得采用冲击拧紧和间断拧紧的方式作业。施力应连续、平稳,螺杆和垫圈不得随螺母一起转动;当有转动时,应更换螺栓重新施拧。

H.4.4 以高强度螺栓替换冲钉和临时普通螺栓时,应在已安装的高强度螺栓连接副经初拧后进行,且替换的顺序应为:先将临时普通螺栓替换为高强度螺栓并初拧,再将冲钉替换成高强度螺栓并初拧。

H.4.5 高强度螺栓初拧或复拧后,应从螺栓头部沿螺母棱角、垫片、栓接面画出转角标识线,终拧应经初拧或复拧检查合格后方可进行。

H.4.6 高强度螺栓终拧后,应根据初拧标记线的变化情况进行自检。螺栓头一侧的初拧标记线不应发生相对变动,如有变动,应更换连接副;另一侧的螺母应按拧紧转向相对于螺栓及垫圈发生转动,但垫圈和连接板不应发生相对变动(如变动需更换);若螺母的初拧标记线未发生转动或相对于其他螺栓初拧标记线的变化情况有较大的转动,则该螺栓在终拧时漏拧或出现异常,应补拧或更换。终拧自检合格后,应做出终拧标记;专检合格后应采用不同的颜色做出标记。当有复拧及补拧时,则应按复拧、终拧、专检及补拧的顺序进行标记。高强度螺栓的施拧标记方法如图H.4.6-1、图H.4.6-2所示,图中蓝色圆点为专检合格后的标记。

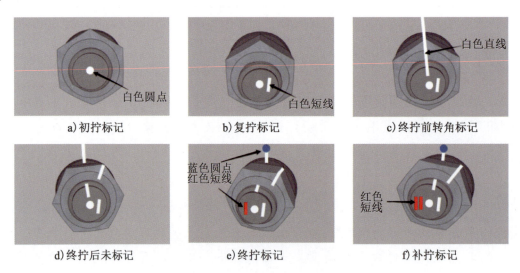

图H.4.6-1 初拧、复拧、终拧三个步骤螺栓紧固施拧标记方法示意

注:图中蓝色圆点为专检合格后标记。

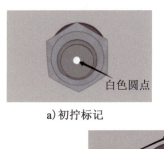
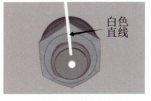

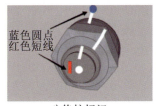
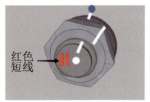

图 H.4.6-2 初拧、终拧两个步骤螺栓紧固施拧标记方法示意

注：图中蓝色圆点为专检合格后标记。

H.4.7 每批高强度螺栓的终拧扭矩应按式（H.4.7）计算确定。当扭矩系数值有变化时，应以现场扳手标定测出的扭矩系数为准。

$$T_c = K \cdot D \cdot P_c \quad \text{（H.4.7）}$$

式中：T_c——终拧扭矩（N·m）；
　　　K——扭矩系数平均值，由测试试验确定；
　　　D——螺栓公称直径（mm）；
　　　P_c——施工预拉力（kN），见表 H.1.3。

H.4.8 终拧时应对每把施拧扳手的使用情况进行记录。

H.5 质量检查

H.5.1 对高强度螺栓施拧质量的检查应按自检、专检、监理工程师检查的程序进行。专检应由专职质量检查人员进行。

H.5.2 对初拧扭矩的检查应为每个栓群和节点高强度螺栓数量的 100%；终拧扭矩应抽检总数的 5%，且对主桁节点、板梁和箱梁主体以及纵横梁连接处应不少于 2 套，其余节点应不少于 1 套。

H.5.3 高强度螺栓连接副的编号原则，宜以节点为单位，按接头位置、栓接面和栓孔位置分类，具体孔位宜从 1 开始以自然数字的顺序由节点中心向外流水编号。

H.5.4 高强度螺栓连接副的初拧质量检查应符合下列规定：

1 初拧后的全部高强度螺栓连接副应采用敲击法逐个进行检查。

2 采用质量约0.3kg的小铁锤，敲击螺母对边的一侧，用手指紧按住螺母对边的另一侧进行检查，颤动较大者即认为不合格，应予复拧。对复拧质量的检查应与初拧质量检查的要求一致。

H.5.5 高强度螺栓连接副的终拧质量检查应符合下列规定：

1 对终拧后的全部高强度螺栓连接副，应逐个检查初拧或复拧时所做的油漆标记是否发生错动，以此判断终拧时有无漏拧。

2 高强度螺栓连接副终拧到位后，外露的丝扣数不得少于2个。

3 终拧扭矩检查应在螺栓终拧1h之后、24h以内完成。

4 对每栓群或节点进行检查的螺栓，其不合格率不得超过抽检总数的20%；超过时，应继续抽检，直至累计合格率达到80%为止。

5 对欠拧或漏拧的螺栓应进行补拧，补拧时不得使用电动扳手二次施拧，应使用检查扳手直接将其施拧到终拧值；对超拧或垫圈转动的螺栓应进行更换，更换后应使用检查扳手直接将其施拧到终拧值，并应在螺栓处做出标记。

6 检查终拧扭矩时宜采用"松扣回扣法"。检查时应先在被检的螺栓与螺母上画出标记线，然后将螺母拧松退回30°，再采用检查扳手将螺母重新拧至原来位置，使所画标记线重合，测定并记录此时的扭矩值，该扭矩值在 (0.9~1.1) T_{ch} 范围内时应判定为合格。T_{ch} 为检验扭矩，应按式（H.5.5）计算确定。

$$T_{ch} = K \cdot D \cdot P \tag{H.5.5}$$

式中：T_{ch}——检验扭矩（N·m）；

　　　K——测定的扭矩系数；

　　　D——螺栓公称直径（mm）；

　　　P——设计预拉力（kN），见表H.1.3。

7 采用"紧扣法"检查终拧扭矩时，应在检查前通过试验确定紧扣检查扭矩；在测定紧扣检查扭矩时，应确认高强度螺栓预拉力的误差在设计预拉力的2%范围内。检查时，当测得螺母与螺栓发生微小相对转角时的扭矩值在0.9~1.1倍紧扣检查扭矩范围内时，应判定为合格。

8 高强度螺栓连接副终拧扭矩检查合格后，应在栓群边的适当位置标识检查人员和日期信息，并应及时进行高强度螺栓处的腻缝封闭和涂装。

附录 J 高强度环槽铆钉安装铆接工艺规程

J.1 一般要求

J.1.1 每套高强度环槽铆钉连接副应为一根铆钉和一个套环，并应配套使用。

J.1.2 当环境温度低于-10℃、摩擦面潮湿或暴露于雨雪中时，不得进行铆钉的安装和铆接作业；雨雪后施工时，应保证铆接板面干燥。

J.1.3 高强度环槽铆钉连接副在安装和铆接作业时，应遵守相关的安全作业规定。

J.1.4 高强度环槽铆钉的预拉力值应符合表 H.1.3 的规定。

J.2 施工准备

J.2.1 对损伤严重的连接板面，施工前应按相应的涂装工艺重新处理。

J.2.2 对高强度环槽铆钉进行铆接前，应检查确认板缝中无任何杂物。

J.2.3 作业人员应经培训考核合格，并应熟练掌握高强度环槽铆钉施工的要点、程序及注意事项。

J.2.4 高强度环槽铆钉施工应配备足够的专用工具，并应符合下列规定：
1 铆枪卡爪瓣型上应无异物，铁砧内表面应无污物、裂纹和划痕等缺陷。
2 铆枪与液压油泵应连接完好，系统开机自检时应无报警。

条文说明

高强度环槽铆钉连接副的铆接一般采用专用工具及相应的液压设备，主要由铆枪、液压泵站及液压油管等构成。

铆枪主要由卡爪、铁砧、转换接头、枪体、铆枪按钮、手柄、控制电源线、进油和回油管等组成，其中卡爪、铁砧为易损件，如图 J-1 所示。

液压泵站主要由液压泵、电控装置、工控机、液压阀组、移动装置和快换接头等组成，可以精确控制铆枪的工作压力，如图 J-2 所示。

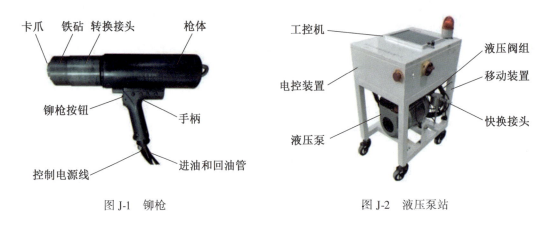

图 J-1　铆枪　　　　　　　　　　图 J-2　液压泵站

J.2.5 铆接用的铆枪及液压设备应在施工前进行配套标定和校正，标定应在轴力计上进行，轴力计的测定误差应不大于测定值的 2%，最小示值应小于 1kN。

J.3　安装

J.3.1 高强度环槽铆钉连接副的安装应在构件的位置调整准确后进行，且铆钉和套环应按生产厂提供的批号配套使用。

J.3.2 安装高强度环槽铆钉连接副时，构件连接部位的摩擦面应保持清洁、干燥，构件连接处的钢板表面应平整、无焊接飞溅、无毛刺。

J.3.3 高强度环槽铆钉连接副安装时，铆钉的穿入方向宜以方便铆接为准，且方向一致。

J.3.4 环槽铆钉在安装时应能自由穿入钉孔内，不得强行敲入；对不能自由穿入铆钉的钉孔，应在经批准后采用铰刀进行扩孔，严禁采用气割方法扩孔。扩孔前应将该孔的四周采用临时螺栓紧固，使板层密贴，并应防止钢屑或其他杂物掉入板层缝隙中。扩孔并修整后，孔的最大直径应不大于 1.2 倍铆钉直径，且扩孔的数量应不超过该节点连接孔数量的 25%。对扩孔的构件节段及孔眼位置均应进行记录。

J.3.5 安装施工时，每个节点应穿入足够数量的冲钉和临时螺栓，并不得采用塞焊对连接孔进行焊接。

J.3.6 高强度环槽铆钉不得作为定位使用。

J.3.7 高强度环槽铆钉连接副安装时，每个节点上穿入的临时螺栓和冲钉的数量，宜由节点处可能承担的荷载经计算确定，并不得少于节点高强度环槽铆钉总数的1/3；临时螺栓数不得少于2个，冲钉数量不宜多于临时螺栓数量的30%。

J.3.8 采用悬臂法架设安装构件时，冲钉的用量宜按受力计算确定，并不得少于钉孔总数的50%，其余钉孔宜使用高强度环槽铆钉连接副；采用顶推法施工时，应先对连接节点采用高强度环槽铆钉连接副进行铆接，并经检验合格后方可进行顶推作业。

J.3.9 安装高强度环槽铆钉连接副时，宜先将临时螺栓作一般拧紧至板层密贴；对板厚公差、制造偏差或安装偏差等产生的摩擦面间隙，应按表H.3.8的规定进行处理。

J.4 铆接

J.4.1 高强度环槽铆钉连接副在铆接施工时，应按一定顺序，从板束刚度小、缝隙小之处开始，对大面积节点板应从中间部分向四周的边缘进行铆接。

J.4.2 短尾型高强度环槽铆钉的铆接工艺（图J.4.2）应按下列步骤进行：
1 先将短尾型高强度环槽铆钉穿过连接板层，再将套环从铆钉的尾部旋入拧紧。
2 将短尾型高强度环槽铆钉的尾牙插入铆枪的卡爪内，准备铆接。
3 按下铆枪的启动按钮，使铆枪的卡爪带动铆钉向上运动，对铆钉施加拉紧力；同时在铆枪铁砧的作用下，使套环产生塑性变形。
4 铆枪的卡爪继续带动铆钉向上运动，直至液压泵站达到设定压力值时，将卡爪退回并完成铆接。

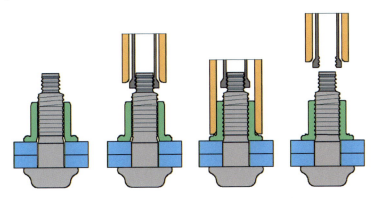

图J.4.2 短尾型高强度环槽铆钉铆接工艺步骤

J.4.3 拉断型高强度环槽铆钉的铆接工艺（图J.4.3）应按下列步骤进行：
1 先将拉断型高强度环槽铆钉穿过连接板层，再将套环从铆钉的尾部旋入拧紧。
2 将拉断型高强度环槽铆钉的尾牙插入铆枪的卡爪内，准备铆接。
3 按下铆枪的启动按钮，使铆枪的卡爪带动铆钉向上运动，对铆钉施加拉紧力；

同时在铆枪铁砧的作用下，使套环产生塑性变形。

4 铆枪的卡爪继续带动铆钉向上运动，直至液压泵站达到设定压力值，铆钉在拉断槽处断裂，将卡爪退回并完成铆接。

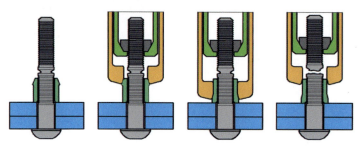

图 J.4.3 拉断型高强度环槽铆钉铆接工艺步骤

J.4.4 对铆接施工时设置的临时螺栓和冲钉，应在已安装的高强度环槽铆钉连接副铆接完成后再进行替换，且应先替换临时螺栓，再替换冲钉。

J.5 质量检查

J.5.1 高强度环槽铆钉连接副铆接施工质量的检查应按自检、专检、监理工程师检查的程序进行。专检应由专职质量检查人员进行。

J.5.2 高强度环槽铆钉连接副铆接施工质量的检查应符合下列规定：

1 对铆接施工完成后的高强度环槽铆钉连接副，应进行100%的套环外观检查，确认其是否已产生塑性变形。套环未产生塑性变形时，应重新铆接，或更换新的连接副重新进行铆接。

2 对高强度环槽铆钉连接副铆接后的成形尺寸，每个节点应随机抽取10%的铆钉连接副进行检查，且对主桁节点、板梁主梁及纵横梁连接处应不少于2套，其余节点应不少于1套进行检查。

3 高强度环槽铆钉连接副铆接后的结构形式如图 J.5.2-1 和图 J.5.2-2 所示，成形尺寸 a、b、c 和 d 应符合现行《环槽铆钉连接副 技术条件》（GB/T 36993）的规定。

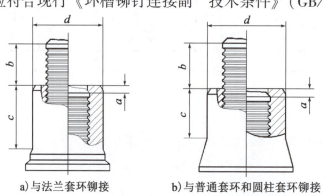

a) 与法兰套环铆接 　　　b) 与普通套环和圆柱套环铆接

图 J.5.2-1 高强度环槽铆钉连接副铆接后结构形式

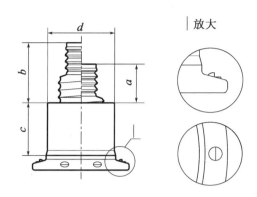

图 J.5.2-2　高强度短尾型环槽铆钉连接副铆接后结构形式

4　成形尺寸不符合规定的，应将该铆钉连接副拆除，更换新的连接副重新进行铆接，并应进行加倍检查；若仍有不合格者，应对该节点所有剩余的高强度环槽铆钉进行检查。

条文说明

高强度环槽铆钉连接副铆接完成后，由于套环产生了明显的塑性变形，因此其成形尺寸也随之改变，这是判定环槽铆钉连接副是否满足质量要求的重要指标之一，《环槽铆钉连接副　技术条件》（GB/T 36993—2018）对此有相应的规定。

J.5.3　高强度环槽铆钉连接副的安装铆接施工应具有下列施工及检查记录：
1　高强度环槽铆钉连接副的进场复验报告；
2　连接面抗滑移系数试验报告；
3　铆接质量检查记录。

J.5.4　高强度环槽铆钉连接副的铆接质量检查合格后，应在铆钉群边的适当位置标识检查人员和日期信息，并应及时进行高强度环槽铆钉连接副处的腻缝封闭和涂装。

本规范用词用语说明

1 本规范执行严格程度的用词，采用下列写法：

1）表示很严格，非这样做不可的用词，正面词采用"必须"，反面词采用"严禁"；

2）表示严格，在正常情况下均应这样做的用词，正面词采用"应"，反面词采用"不应"或"不得"；

3）表示允许稍有选择，在条件许可时首先应这样做的用词，正面词采用"宜"，反面词采用"不宜"；

4）表示有选择，在一定条件下可以这样做的用词，采用"可"。

2 引用标准的用语采用下列写法：

1）在标准总则中表述与相关标准的关系时，采用"除应符合本规范的规定外，尚应符合国家和行业现行有关标准的规定"。

2）在标准条文及其他规定中，当引用的标准为国家标准和行业标准时，表述为"应符合《××××××》（×××）的有关规定"。

3）当引用本标准中的其他规定时，表述为"应符合本规范第×章的有关规定"、"应符合本规范第×.×节的有关规定"、"应符合本规范第×.×.×条的有关规定"或"应按本规范第×.×.×条的有关规定执行"。